U0078751

大話隋唐

林楓珏／著
莊河源／繪

三民書局

國家圖書館出版品預行編目資料

大話隋唐 / 林楓珏著;莊河源繪. ——初版一刷. ——臺北市: 三民, 2018
面; 公分——(兒童文學叢書/歷史遊戲王)

ISBN 978-957-14-6364-3 (精裝)

1. 隋唐史 2. 通俗史話

623.8 106022718

© 大話隋唐

著作人	林楓珏
繪者	莊河源
企劃編輯	蕭遠芬
責任編輯	翁子閔
美術設計	陳智嫣
發行人	劉振強
著作財產權人	三民書局股份有限公司
發行所	三民書局股份有限公司
	地址 臺北市復興北路386號
	電話 (02)25006600
	郵撥帳號 0009998-5
門市部	(復北店) 臺北市復興北路386號
	(重南店) 臺北市重慶南路一段61號
出版日期	初版一刷 2018年1月
編號	S 630511

行政院新聞局登記證局版臺業字第〇二〇〇號

ISBN 978-957-14-6364-3 (精裝)

http://www.sanmin.com.tw 三民網路書店

歷史遊戲王

「你喜歡歷史嗎？」問到這個問題，大概搖頭的人比點頭的人多吧！老師上課，只要一講到課本中的許多人名、地名，很快就會把大家的瞌睡蟲給招來了。

「這怎麼行！」一群熱愛歷史的叔叔、阿姨聽到馬上跳起來，大家七嘴八舌，決定進行一場神祕任務，讓小朋友重新認識歷史，並且愛上它。

「該怎麼做呢？」我們想到把歷史和小朋友最喜歡的遊戲結合起來，推出一系列的「歷史遊戲王」，把中國歷史變成各式各樣有趣的遊戲：

你可以在夏、商、周大玩**疊疊樂**，看看古人如何建立社會制度，再變身為新時代；

在秦漢魏晉南北朝加入**大富翁**戰局，搶奪中國地盤上最強的皇帝寶座；

當然，你更要一起**大話**隋唐，跟英雄們找尋戰友，一步步踏上天下霸主的位置；

還有舉行歷史**爭霸戰**，宋朝、元朝的皇帝需要你來幫忙，成為擂臺盟主；

來到明清時代，**職業扮裝秀**帶我們體驗，成為各行各業的達人；

最後，**魔幻守護者**要解決晚清民初的各種挑戰，需要你一起動動腦筋了。

「哇！這真是太豐富了！」雖然我們利用遊戲的概念包裝歷史，但是真正精彩、吸引人的是歷史本身。許許多多的歷史人物、故事串成歷史，而這條時間的長河，也帶著人們向前行。三民書局為小朋友量身打造這套中國歷史，希望小朋友看完了以後，可以很高興的和朋友分享：「歷史，真是超～級～有～趣～！」

1902年，德國考古學家科爾德威(Robert Koldewey)，在今天伊拉克首都巴格達南方約七十五公里，發掘了被風沙掩埋千年的古巴比倫。走在尼布甲尼撒二世所建的壯麗城門，科爾德威在城牆上解讀出來的第一句話是：

「過去的一切被現在制定著，現在的一切被未來制定。」

遠在二千多年前，巴比倫人就意識到歷史是現代人所書寫，充滿後設與偏見。胡適則將歷史比喻成一位小姑娘，任人打扮。各朝各代，都有自己的審美取向，今人打扮古人，後人也會打扮今人。

爬梳前人所留下的筆跡墨痕，文字與想像所織就的虛妄，遺址與廢墟所構築的迷茫，其中有太多太多的話語縫隙，給了我們重新品讀歷史的可能，在流轉的過往中尋找新的意義。

對於大人而言，歷史負載了太多的使命與任務，知識面、政治面、道德面……，但歷史在孩子眼中，又是什麼模樣？

褪去了種種試圖加諸歷史的外衣，孩子們可以全心感受歷史的迷人之處：傳說故事的曲折離奇，引人入勝；群雄爭霸或一統帝國的雄心壯志，成王敗寇；文化藝術凝結的瑰寶，更是燦爛輝煌。歷史如同一篇篇的樂章，傳唱他們的故事。在史蹟與偉人的榮光裡，看到一個時代的理性與瘋狂，進步與反動、昇華與墮落，那是時代的聲音。

讀歷史，是一場遊戲。

在競爭與合作的趣味中，處處是人性的紋理。三民書局「歷史遊戲王」建起一座遊樂場，透過孩子熟悉的遊戲模式，傳達中國各時代的精神與歷史意義，例如用疊疊樂的概念比擬上古時代文化和制度的奠基與崩壞，又如用大富翁遊戲讓孩子了解秦漢到隋唐之間的地盤爭勝……。

那麼，讀歷史，有用嗎？

歷史不是積塵的老古董，審視那些充滿血性與骨質的細節，會令我們感受生活的炎涼與無常，人世的無情與哀傷。閱讀歷史，是一場探究人心、理解人心的冒險，是一趟哥倫布式的精神發現，穿越無知的汪洋，抵達理性、知性與感性的彼岸。

啟程吧！帶領孩子一同進入歷史的探索冒險！點燃他們對歷史興趣的火苗！

作家節目主持人

謝哲青

作者的話

在我念小學三年級的時候，當父母親無暇照顧我時，他們就會騎著機車把我載到家裡附近的圖書館或者書局，讓我自己在書堆中待上半天。對於父母親來說，圖書館和書局是兩處很「安全」的地方，只要我乖乖待著就好，他們也從來沒交代我一定要看哪些種類的書籍。

小孩子嘛，對漫畫總是特別有興趣。當紅的漫畫如《七龍珠》等，圖書館沒有，書局用透明書套包住，不可能拆開來看。這時我的眼角餘光瞄到有幾本沒有用透明書套包住的漫畫，拿起來看，原來是兩套講述中國史和世界史的漫畫書。

這兩套漫畫書，中國史從夏商周一直講到清末民初；而世界史則從希臘羅馬時期說起，直到二次大戰結束，以西方文明為主。當時沒有主流漫畫可以看的我，只好翻閱這些漫畫歷史書。

這兩套書畫風平淡無奇，絕對無法與本書的插畫相比；礙於篇幅，內容也很簡單，雖然如此，小三生的我還是沉浸在漫畫呈現出的中國和世界歷史。當時每到書局和圖書館一定馬上跑去找這兩套書來看，還重複看了好幾次。這兩套漫畫書啟蒙了我對「歷史」的興趣，讓我一腳踏進「歷史」的漫漫長河中。

現在市面上好像已經沒有我以前看的那種歷史漫畫書，書局中也很少有適合小朋友讀的歷史書籍。這一套「歷史遊戲王」要以遊戲的方式讓小朋友覺得歷史很親近，讓小朋友在遊玩之中對歷史有多一點點的認識。

我沒有期待小朋友們閱讀後，立志成為歷史學家，不過我希望小朋友可以把歷史當成一則接著一則的故事。這些故事雖然不是都有美好的結局，但我們可以隨著主角四處去旅行，或許是在大草原上騎著駿馬，追趕著羊隻；或許是穿越黃沙滾滾的沙漠，前往未知的國家；又或是乘著大船，來到鳥語花香的江南；也可能穿梭在熱鬧的城市裡，品嘗人生百態。你有可能是掌管整個國家的偉大皇帝，也可能是住在寺廟裡慈悲為懷的僧人；或許現在是統領軍隊的厲害將軍，下一秒又成為提筆寫詩的優雅文人。

打開一則故事，就像打開一個新世界一樣，歡迎各位小朋友、父母們，一起進入遊戲之中，體驗不同的人生吧!!

大話隋唐

五、帝國中的豐富生活

六、亂世新時代

七、帝國的末日

大家來闖關！

小朋友有沒有玩過闖關遊戲呢？在起跑線上的玩家要努力地、用力地朝向終點全力奔跑，直到衝過終點線為止，才算是贏得遊戲。但在奔跑的路上可一點也不簡單，玩家首先要努力地收集所有幫助自己變高、變強的寶物，讓自己增加防禦力或是攻擊力，贏得抵達終點的籌碼。還要拼命躲過陷阱、坑洞、怪獸等等障礙物，因為它們會阻礙玩家，想盡辦法讓玩家變得虛弱、難受，可能讓玩家還沒碰到終點線就失敗了！

皇帝們也是這樣，就像在玩闖關遊戲一樣，他們給自己訂下目標：想要成為帝王、想要統一國家、想要建設強大無比的帝國，然後朝著這些目標努力地奔跑。

全速前進的過程中，或許他們需要忠心的臣子、富饒的國庫、強大的軍隊來更順利地靠近目標，又或許他們需要避開壞心眼的小人、想要趁機攻擊的敵人、無法避免的天災，也可能在沒有到達終點之前，就失手出局了。

中國的歷史跑著跑著，來到群雄爭霸的三國時代。雖然經歷過西晉的短暫統一，但馬上因為皇室內鬥和外族入侵，讓中國進入長達四百多年南北分裂，被稱為「魏晉南北朝」。

魏晉南北朝後期，北周和北齊的皇帝同時站在起跑點上，比著誰先能穿越重重關卡，跑到終點，奪得北方霸主的地位。

剛開始的時候，北周和北齊跑得差不多快，但北周的皇帝找來厲害的大臣，幫助他避開前方的陷阱，少了陷阱的阻礙，北周皇帝馬上遠遠的甩開北齊皇帝，衝向終點，成為統一北方的勝利者！

北周皇帝贏得了勝利，散發著熊熊的鬥志，希望在下一個關卡好好發揮。但是誰也沒想到，北周皇帝一個不小心被怪獸咬到，生病去世。北周整個亂成一團，大家都在問：「到底要找誰來繼續闖關呢?」

一、燦爛一時的隋帝國

北周武帝生病過世後，武帝的兒子宣帝高高興興地登上皇位。但是宣帝只愛享受，不喜歡處理皇帝繁重的政事，不到一年的時間，他就厭倦當皇帝的麻煩日子，把皇位傳給只有七歲的兒子，甩甩手跑去當悠哉的太上皇。可是傳位給兒子沒多久，宣帝就因病去世了。

1. 隋唐時代的開創者

★隋朝的建立

但是新皇帝的年紀實在太小了，大臣們決定找個人來幫忙小皇帝處理政務。在這混亂的時刻中，小皇帝的外公楊堅被推到歷史舞臺上。

楊堅出身於北周的武官家庭，爸爸是著名的將軍，替北周打贏了大大小小的戰爭。楊堅託爸爸的福，娶到北周超有權勢的獨孤家女兒，打入北周的統治集團，兩人生的女兒是宣帝的皇后，也就是說楊堅是小皇帝的外公，因而得到監管國政的機會。

大臣們當初選擇楊堅，是覺得他沒有野心，沒想到楊堅得到大權後，馬上變了一個人，展開奪權大計！不少大臣第一時間出來反對楊堅，楊堅一一擊敗反對他的勢力。

消滅反對者後，宮廷裡只剩下楊堅的人馬，他開始對付北周皇室，把能威脅他權力的人一個一個消滅。在小皇帝登基一年後，整個北周朝廷已經沒有任何人可以阻止楊堅了。於是，楊堅強迫外孫將皇位「禪(ㄕㄢˋ)讓」給他，成為隋朝第一位皇帝——隋文帝。

★分久必合，再度統一

楊堅取代北周建立隋朝後，接下來的目標就是「統一中國」！當時的中國隔著長江，分為剛取代北周的隋朝，以及位在南方的陳國，隋文帝若想統一中國，勢必要消滅南方的陳國。

可是隋文帝不能貿然出兵攻打陳國，因為在隋朝的北方，有統治整個北方草原的突厥人虎視眈眈。突厥人跟狼一樣凶狠，擅長騎馬射箭，隋文帝擔心若他派大兵遠征陳國，突厥人就會馬上南下入侵。

突厥人雖然統治著北方草原，但是被他們統治的一些遊牧民族並不是那麼喜歡突厥人。隋文帝發現這件事情後，決定採用離間計，分化突厥統治下的其他部族，讓他們無法相信彼此，整天打來打去，削弱他們的實力。隋文帝再趁著突厥情勢不穩的時候出兵，打敗突厥，取得北方邊境的安全。解決令他擔心的北方外敵後，隋文帝終於可以安心地將矛頭對準南方的陳國。

隋朝與陳國隔著水勢洶湧的長江，但是隋朝沒有可以載運大量軍隊渡江的船艦，因此隋文帝不急著一口氣派出大兵進攻陳國。

隋文帝反而學習突厥人常用的戰術，趁著陳國收割農作物的時候，派遣小軍隊渡江，騷擾江邊的村莊。這讓住在陳國邊境的居民一邊要收成，一邊又要擔心不知何時出現的隋朝軍隊，每個人都又忙又累。駐守邊境的陳國軍隊也在四處追捕入侵的隋朝軍隊，沒有時間休息。

沒想到，隋文帝居然命令這些入侵陳國的軍隊，只能騷擾居民，如果遇到陳國的軍隊就要馬上撤退。久而久之，鎮守在長江沿岸的陳國軍隊聽到隋朝軍隊入侵騷擾的消息，也就沒有反應了，因為大家都認為隋朝軍隊很快就會回到長江對岸。

隋文帝一邊派出小支軍隊攻擊陳國，一邊年年派遣使者到陳國送禮物，假裝和陳國的關係非常好。隋文帝的作法讓陳國的君臣摸不清楚隋文帝到底想要做什麼，時間一長，就不再那麼緊張隋朝了。

經過多年的準備，隋文帝認為統一天下的時機成熟了，於是讓二兒子楊廣擔任統帥，指揮這些載運著大軍的軍艦渡過長江。

攻打陳國的軍隊共有五十多萬人，經過幾場激烈的戰爭後，隋朝軍隊成功地攻入陳國首都——建康（今天的南京），俘虜了皇帝陳後主等人。隋文帝終於在西元589年完成了他的夢想——統一天下！

★新時代的開啟

隋文帝統一中國後，發現自己沒有時間沉浸在勝利的喜悅中，因為要當個好皇帝，需要做的事情還有很多，隋文帝開始謹慎地執行改造隋朝的計畫。

隋文帝面臨的第一個問題，是統一後政府內出現許多空缺的職位，但沒有合適的人選可以補足這些職位。以前政府選人才的方式不像現在，直接舉辦公務人員考試，考上了就任用。而是由各地的地方官，如州長或縣長推薦人選，再由朝廷評估是否合適。

官員選舉
被貴族壟斷
掉進沼澤

舉行科舉
成功脫離沼澤

到了後來，改為朝廷指定每一個地區的推薦人，由這個推薦人來尋找和評估人才。這種由少數人主導的選人方式，使得任職的官員都是來自與推薦人同一個圈子的人。

到東漢時期，朝廷官員大概就來自那十幾個大家族，形成壟(ㄌㄨㄥˇ)斷的局面。而曹魏時的「九品官人法」雖然創立的新的評鑑方式，卻沒有辦法改變大家族壟斷的情況，挑選的人才反而更看重家世了。隋文帝認為原來的選拔制度沒有辦法找到好的官員，於是創建了「分科取人」的科舉制度。

想要參加科舉，並不需要有良好的家世，也不需要經過推薦人的評鑑，只要準備好身分證，就可以參加考試。當官的標準從少數人的考核，變成只要你通過考試，就可以進入政府當官。這樣的方法下，每個人都要憑著自己的努力跟學問，那些只注重吃喝玩樂的大家族們就不吃香了。

接下來，隋文帝開始注意城市建設。隋文帝最早住在從好久好久以前的漢朝就開始使用的 「舊長安城」。由於使用日久，加上經過長期戰亂，規模又小，

整座城市髒兮兮的，已經不適合新王朝用來當首都，於是隋文帝決定在舊長安城的東北邊重新規劃一個新的首都，取名為「大興城」。

大興城與以往的城市不太一樣，首先它非常的大，大概有今日三分之一個臺北市那麼大。再來，大興城裡規劃了約一百多個給人民居住的「坊ㄈㄤ」，這些坊有各自的城牆和城門，從上面看下去，大興城就像棋盤一樣，最外圍有一圈大城牆，用來保護大興城的安全；裡面則由小城牆組成一格一格的坊。而這些坊在面臨危機時，也可以關閉坊門來保護居民的安全，這等於有著雙重的保護。如此先進的城市設計，成為其他各地城市模仿的對象，風靡了整個國家。

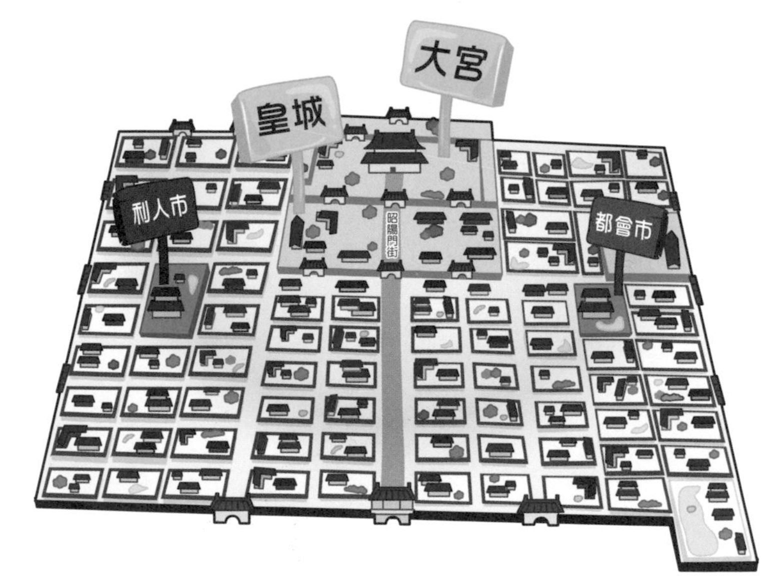

★太子的廢立

雖然隋文帝統一中國並且作出不少改革，但在選擇繼承人時卻犯了錯誤。從隋文帝創建隋朝起，就馬上立大兒子楊勇為太子，楊勇個性敦厚，深受大臣們尊重，但他有一個嚴重的缺點——奢侈。

隋文帝和獨孤皇后都是非常節儉的人，一套衣服可以穿好幾年都捨不得丟， 就算很舊了還是要繼續穿。楊勇的個性恰巧與父母相反，他喜歡用漂亮的、昂貴的東西，這一直惹得隋文帝夫婦不高興。

二兒子楊廣一直想取代哥哥成為太子，於是利用哥哥奢侈的缺點，營造自己跟父母一樣節儉的表象，並四處和大臣們做朋友，讓大臣替自己說好話。

隋文帝聽多了楊勇的壞話，又看到楊勇的浪費，開始覺得大兒子不適合繼承皇位；加上楊廣的好表現，於是他決定廢掉楊勇，改立楊廣為太子。

隋文帝晚年因為撤換太子，加上後來妻子獨孤皇后過世，對國事的投入已大不如前，而且隋文帝的身體健康一日不如一日，人生最後一年幾乎都在病床上度過，政事大多交給新太子楊廣處理。

手握大權的楊廣本來可以等到父親過世後再順利地坐上皇位，但看見隋文帝臥病在床沒有辦法管他後，忍了很久的楊廣就開始顯露本性。有一次在宮裡，楊廣調戲了照顧隋文帝的妃子，沒想到被隋文帝看見，隋文帝一氣之下，就要廢除太子楊廣，楊廣只好先下手為強，親手殺了父親，登上皇帝的寶座。

2. 狂妄自負、古今奇才

★驕傲的楊廣

楊廣雖然憑著計謀當上太子，但其實他也是非常多才多藝。他可以率領五十多萬的軍隊攻打陳國，幫助父親完成統一中國的霸業；也可以與當時的文學之士交朋友，創作不少詩詞，不但得到當時人的好評，而且還流傳於後世。以現在的標準來看，楊廣可說是天才，能文能武，因此他總覺得自己是古往今來最偉大的皇帝。

隋文帝一直都非常的節儉，加上他努力治理國家，隋朝在他當皇帝的時候累積了相當多的財富，隋唐時代裡，就是隋文帝統治時期財產最多。

繼承這麼龐大的財產對極富野心的隋煬帝來說，代表他有很多錢可以做任何想做的事情，而他確實也利用這筆財富，作了很多其他皇帝沒做的事情。

★喜歡旅行的隋煬帝

隋煬帝想，既然自己與秦始皇一樣，都是統一中國的偉大皇帝，當然要和秦始皇一樣巡視自己的領土，從北方的蒙古草原，到西北方的荒漠，以及南方

的水鄉，他都一一去過了。

古時候出門旅行不像現在，只要上網買車票或者開車就能出發，要準備的東西很多，尤其皇帝出巡更是一項耗費龐大人力、物力的活動。

想想看，皇帝身邊要有人來侍候他的食衣住行，跟皇帝一同出巡的皇室家人也需要僕人服侍，因此光是旅行團的人數量就非常龐大，可能有數百人這麼多！

要安排這麼多人吃的、喝的、住的，需要花上好大的一筆錢。再加上隋煬帝喜歡住新房子，他每到一個地方，就必須蓋新的宮殿，絕對不住在舊房子裡！所以隋煬帝的帝國旅行，耗費掉大量的隋朝財產。

除了四處旅遊，隋煬帝還在原先的首都大興城之外，新建設了兩個首都——洛陽、江都。

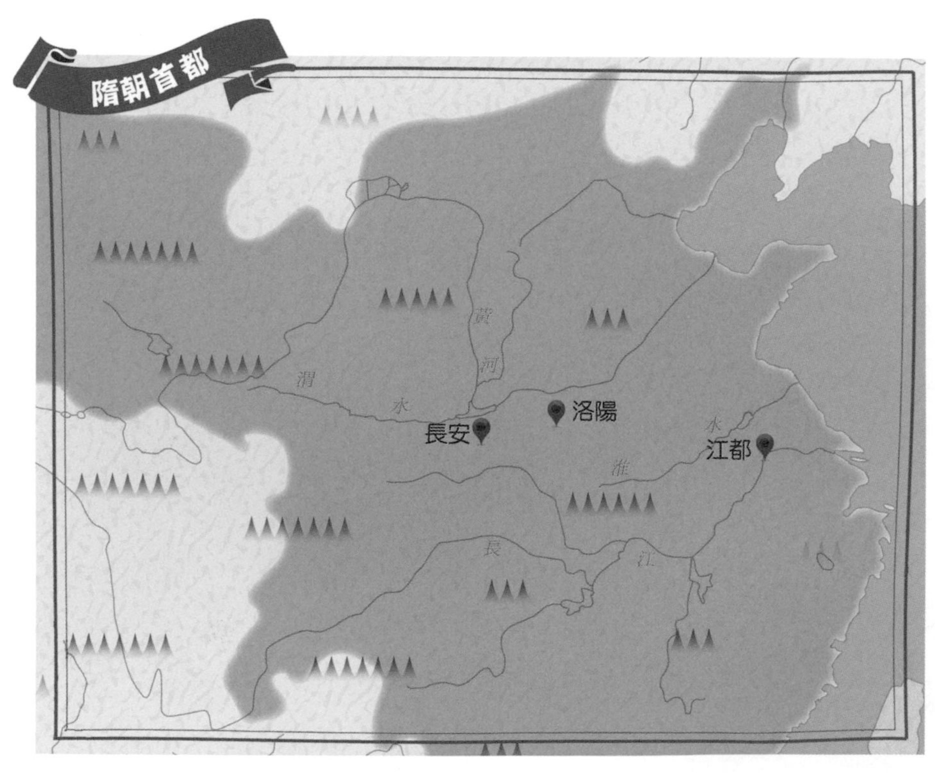

洛陽一直被古人視為天下的中心，把首都建立在洛陽，等於名正言順地統治天下。隋煬帝登基後，想在位於中心點的洛陽建立新首都，以證明自己是前所未見的偉大皇帝。因此隋煬帝在洛陽照著之前爸爸蓋的大興城，重新建造了一個新首都。

隋煬帝以前擔任過征服陳國的統帥，曾在江南住了幾年，他一直很喜歡江南悠閒的生活，他喜歡在江南找一群文人到風景秀麗的地方遊玩，與大家一起吟詩作對，所以也在揚州建立一個新首都，稱為江都。

隋煬帝後來都是往來於洛陽和江都之間，很少回到長安的大興城，甚至連隋煬帝人生的最後幾年都是在江都度過，由此可知，隋煬帝多麼喜歡江南。

★最頂級的旅遊方式

隋煬帝熱愛四處旅遊，很少在一個地方住太久，每隔一段時間就要搬到其他地方居住。

在他當皇帝的十五年間 ，不斷地在國家裡四處跑。古代的交通不方便，今天假如要從臺北到高雄，可以搭飛機、坐高鐵，有很多方便而且快速的選擇。

但在古代，最快的方式只有騎馬，可是皇帝身邊帶著這麼多的人，有奴僕、官員和保護他的軍隊，這些人加一加，有好幾千人，不可能每個人都騎馬，而且騎馬也不夠舒服，所以皇帝搬家只好另外想辦法。

為了讓一大群人能夠又舒服又方便地旅行，坐船是最好的方法。但是中國的河流都是東西流向，沒有辦法讓隋煬帝往南或是往北前進，為了隨心所欲的在國家裡四處旅行，隋煬帝下令興建一條貫穿南北的大運河。

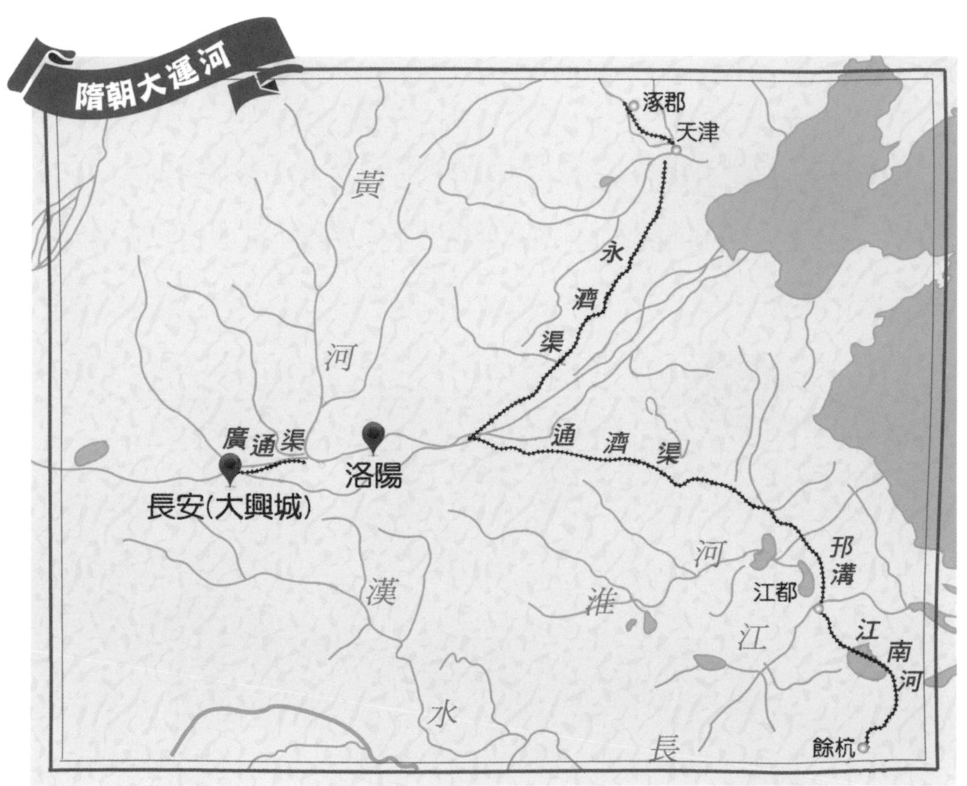

這麼大的一條運河沒有辦法一次就修築好，而是要分成五段興建，最後再一段一段連接起來。最北邊到今日的北京，最南邊到餘杭。這條運河使南北方的人員與物資流動更加方便，日後更成為位在長安的朝廷的命脈，持續不斷地輸送南方豐富的物資，供養位在西北方的朝廷。

★打不贏的高句ㄍㄡ麗ㄌㄧˊ

興建大運河除了讓隋煬帝可以更方便地四處旅行外，也讓隋朝的軍隊能夠迅速地移動到東北方邊境與敵人作戰。

在隋朝東北方有個強大的國家——高句麗，統治今日中國的東北地區和朝鮮半島的北方，在隋朝打敗突厥後，高句麗成為隋朝周遭最強大的國家之一。

由於隋煬帝認為自己是史上絕無僅有的偉大皇帝，當然不能容許在隋朝周邊還有力量強大的國家存在，於是連續三年派遣大軍遠征高句麗。

沒想到遠征軍沒辦法適應當地的氣候環境，一個接著一個病倒，軍隊將領的作戰技術也不太好，結果三次遠征都以慘敗收場。

★生氣的小老百姓

隋煬帝從登基以來，不論是巡行四方、建立洛陽和江都兩個新城市、大量興建宮殿、修築大運河，這些為了個人慾望做出的行為，大筆大筆的花掉了他父親隋文帝累積的財富，也過度奴役人民，讓人民極為不滿。

在以前，政府要做任何事情幾乎都需要強迫人民幫忙，從簡單的造橋、鋪路，到複雜的蓋一座城市、建造一條運河，都需要以強迫的方式獲取工人。

人民負擔沉重
速度減緩

東北方人民
反抗政府
觸發陷阱

為了不讓人民太辛苦，一般會規定每位成年男子一年內需要替政府工作的天數。但隋煬帝先是蓋了宮殿和運河，之後又遠征了高句麗，他一口氣做了太多的事情，讓人民的負擔增加了好幾倍！

★失敗的皇帝

當時的戰爭，需要前線周圍的人民為軍隊提供資源，隋煬帝遠征高句麗對住在東北方地區的人民造成很大的負擔。在第一次失敗的遠征後，生氣的東北方人民發動小規模動亂，這時隋朝還有力量壓制，但隨著第二、第三次的遠征行動，人民叛亂已經遍布全國

各地，隋朝的軍隊經過三次失敗的戰爭，已經沒有能力可以阻止各地發生的叛亂。

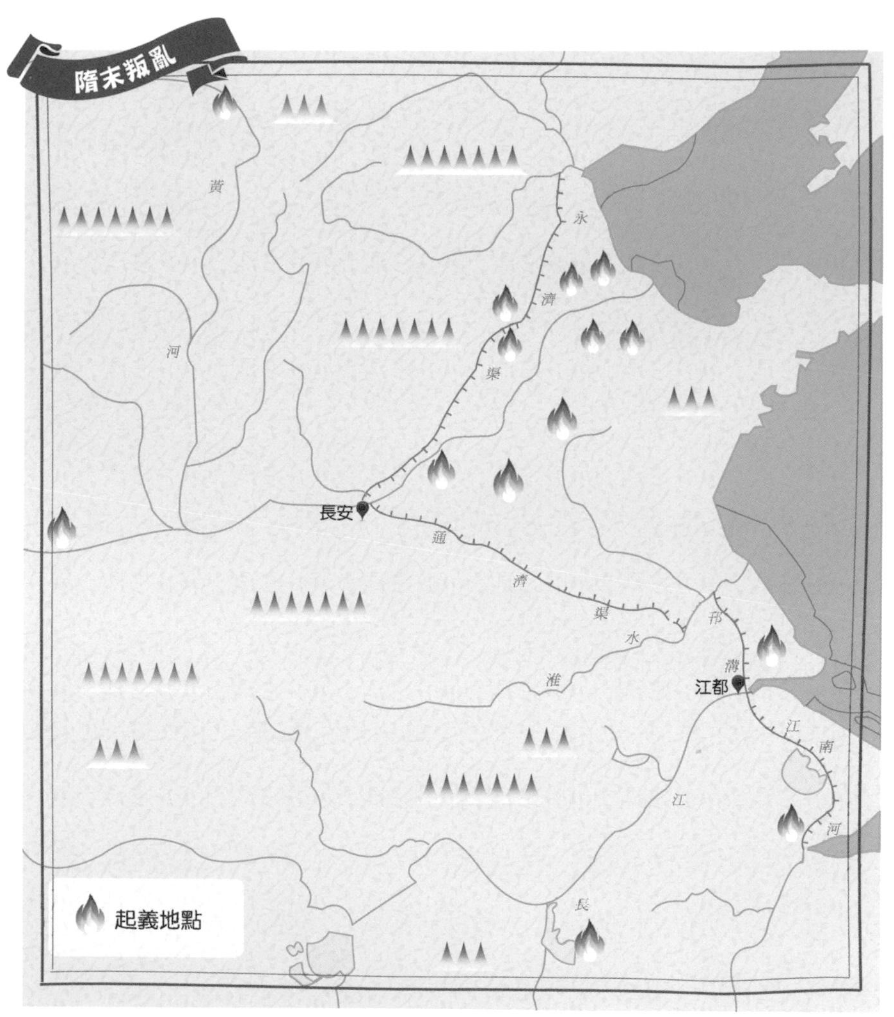

起初，隋煬帝下令各地廣築碉堡，作為防禦用途，積極地處理民變。不過這些方法都沒有辦法讓隋朝軍隊贏得勝利，他們仍然不停的打敗仗，隋煬帝後來乾脆不管了，跑到他最愛的江都居住，不再理會政務。

在江都時，隋煬帝似乎有預感自己的死期將至，常常照著鏡子，對身邊的人說：「誰會砍下這麼美的脖子呢？」最終，隋煬帝的皇家軍隊的將領起兵叛變，率軍攻入江都宮殿中。聽到皇家軍隊叛變的消息，隋煬帝慌慌張張的換掉衣服，準備逃跑，卻在逃跑途中被抓住。

隋煬帝瞪著將自己團團包圍的士兵們 ，嘆了口氣，問道：「我做了什麼你們要這樣對我？」

站最前面的將領把刀子指向隋煬帝，大聲地說：「作為一個皇帝，你不好好的治理國家，四處遊玩，一直打仗，又過得十分奢侈！外面的百姓沒有好日子可以過，國家裡到處是盜賊，你還敢問你做了什麼？」

隋煬帝憤怒地說：「我只有對不起百姓，你們這些人都靠著我享盡榮華富貴，居然還對我做出這樣的事

情！」但皇家軍隊不為所動，隋煬帝最後還是被殺了。

烽火四起的叛亂，沒有因隋煬帝的死而停止，各個叛亂集團反而競爭更加激烈，大家都希望在隋煬帝死後的中國脫穎而出，成為新一代王朝的創立者。

二、唐帝國的繼起

1. 低調的創業者

★家世好，能力佳

唐朝的第一任皇帝李淵，是隋文帝的姪子，隋煬帝的表哥，因此年紀輕輕就被封為唐國公，並且擔任北方軍區的司令。不過李淵可不是單單只靠這層親戚關係就得以擔任高官，李淵自身的武功也非常好。

李淵尚未娶妻時，喜歡上長得非常漂亮，追求者眾多的竇ㄉㄡˋ氏。為了讓女兒嫁給一位好丈夫，竇氏的爸爸媽媽出了一道難題，他們要求追求者要射中好幾公尺之外屏風上孔雀的小眼睛。許多人都沒有辦法射中，這時，李淵站了出來，拿起弓箭，大力一拉，一箭射中孔雀眼睛，如願抱得美人歸。

★統一天下的戰爭

隋末大亂，李淵也按捺不住與群雄爭天下的雄心壯志，與兒子們和支持者討論後，李淵決定起兵，並且迅速地向隋朝的核心地區——關中地區(長安周圍)進軍。李淵的家世好、能力又出眾，使得李淵起兵後，大多數的隋朝大臣和軍隊都跑來投靠李淵，讓李淵的力量快速增加。

當時各地的起兵者中，紛紛佔地為王，只有李淵在兒子和手下的建議下，往隋朝的首都長安進軍。如此一來，李淵可以告訴大家自己是繼承隋朝的國家，和其他起義者比起來名正言順多了。沒多久，李淵得知跑到江南避難的隋煬帝被皇家軍隊殺害後，就宣布登上皇帝寶座，成為唐高祖，建立了唐朝。

李淵建立唐朝
成為唐高祖
得到皇冠

當時的中國除了李淵的反隋軍外，還遍布著起兵反抗暴隋統治的軍隊，唐高祖並不是唯一想取代隋朝而立的豪傑，每個人都想當皇帝、得天下！

面對其他也想要統一中國的人，唐高祖雖然想親自帶兵到前線作戰，但是戰爭並非只有在前線與敵人廝殺，如何提供前線將士穩定的補給也是一大學問。

唐高祖最大的優勢是信任部下，他知道自己的三個兒子李建成、李世民、李元吉都是驍(ㄒㄧㄠ)勇善戰的將軍，因此放心地把軍隊交給兒子們，唐高祖自己則是專心經營根據地長安，給予前線軍隊最可靠的支援。

在前線作戰的諸多將士中，二兒子李世民的戰績最厲害，可以這麼說，唐朝都是靠李世民南征北討而建立的。當時唐朝在長安被強大的敵人們包圍，西邊有薛舉、東邊的洛陽有王世充、東北的河北有竇建德。唐高祖與李世民討論之後，決定先鞏固後方，打敗薛舉，再前往東邊對付更難纏的敵人王世充跟竇建德。

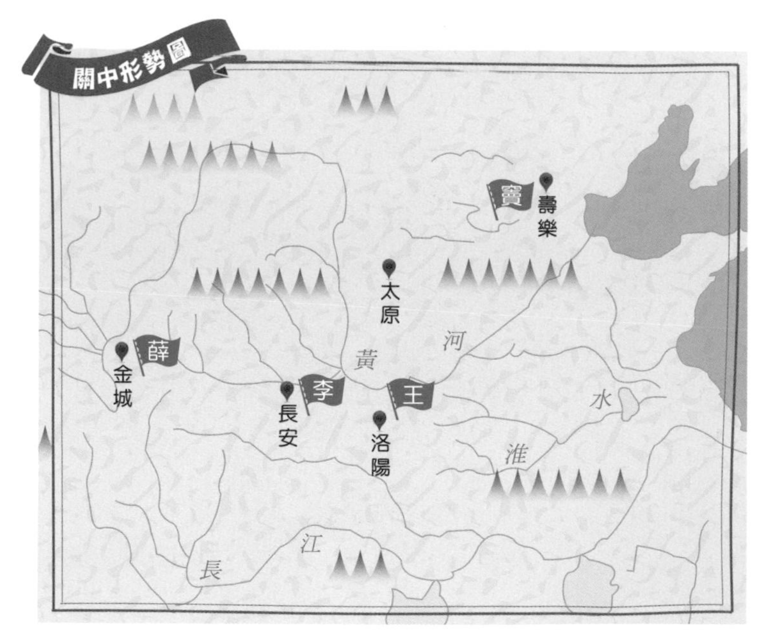

李世民的軍隊往東邊前進後，經過幾場小戰役，順利地將王世充的主力軍隊包圍在洛陽城裡。看到被層層包圍的洛陽城，王世充嚇壞了，急忙派遣使者去請竇建德出兵幫忙。竇建德知道一旦王世充被打敗的話，李世民的下一個目標就是他，於是二話不說，馬上派兵南下，打算與王世充左右夾攻李世民。

遇到兩個強敵的反包圍，李世民並沒有被嚇到，反而是讓自己的弟弟李元吉率領主力軍隊繼續包圍洛陽，他自己則帶領另一支軍隊鎮守在河北到洛陽的要道上，使竇建德無法順利救援王世充。

李世民特別交代這兩支軍隊，不要正面與王世充和竇建德交戰，目的就是要耗掉他們的存糧。果不其然，竇建德糧食耗盡後，在撤退的過程中被李世民一舉消滅！

李世民接著與李元吉聯手攻破洛陽城，抓住王世充。經過這場驚心動魄的戰役後，唐朝的軍隊勢如破竹，在短短幾年內消滅其他反隋軍隊，統一中國。

★繼承人之爭

統一中國後，唐高祖的外患已經消失，但接下來卻出現了內憂問題。唐高祖在剛登上皇位時，就宣布立長子李建成為太子，是皇位的繼承人。

雖然已經有了太子李建成，但在建立唐朝中出了最大心力的二兒子李世民，才是不少大臣心目中最適合當太子的人。唐高祖無法拋棄太子李建成，也不知道要怎麼安撫李世民，陷入了深深的苦惱中。

2. 一代英主

★骨肉相殘：玄武門之變

李世民在建立唐朝的戰爭中，擊敗多個強敵，立下輝煌的功績，因此被冊立為秦王，在當時有著僅次於皇帝和太子的地位。

李世民除了是優秀的將領外，也協助父親治理國家，擁有全方位的能力。能力強，加上許多開國功臣的擁戴，李世民認為自己也有資格繼承皇帝的位子，可是這樣就威脅到太子哥哥李建成的地位。

最後朝廷分為兩派，一派是擁立李建成繼位的皇太子派，主力成員有他們的弟弟李元吉；另一派就是擁護李世民繼承大位的秦王派。

眼看兩派的衝突越演越烈，唐高祖自己也很難下決定，一邊是長子，依照傳統是繼承帝位的首選，一邊卻是建立王朝的最大功臣，手心手背都是肉，使得唐高祖遲遲無法決定該怎麼辦才好。最後，秦王派決定先下手為強，動手除掉哥哥太子和弟弟李元吉！

李世民假借唐高祖的名義，把李建成和李元吉騙進宮裡，同時在皇宮的入口玄武門邊設下埋伏。當李

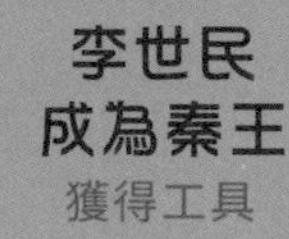

建成和李元吉到達玄武門驚覺不對勁，轉身想要離開的時候，已經來不及了。他們被李世民的軍隊團團包圍，李世民拉起弓箭，射死了自己的哥哥，李世民的手下也趁機殺死了李元吉！

當時唐高祖正在御花園的湖上划船看風景，得知消息後，嚇得差點從船上跌到湖裡。唐高祖知道現在局勢對李世民有利，只能被動地下詔立李世民為太子，隔了一年，唐高祖退位，讓李世民登基，成為唐太宗。

知人善任
得到慧眼

接受大臣規勸
配戴虛心

★以人為鏡

李世民認為優秀的官員能更好地幫助百姓，因此任命官員要以道德和才能作為標準。當他成為皇帝後，知人善任，找來許多優秀的人擔任政府官員和將領；同時，他不避前嫌，就連曾經在敵對陣營工作的人，只要夠好，也一律任用。

例如魏徵，他原來是太子李建成的部下，曾經強烈建議太子早點除掉李世民。當李世民殺死哥哥後，把魏徵找來問道：「你為什麼挑撥我們的兄弟感情？」魏徵鎮定地說：「太子要是早點聽我的話，就不會讓你得逞了！」唐太宗聽完，覺得魏徵真是個不可多得的人才，馬上聘請魏徵為自己做事，完全不在意他之前為誰工作。

除了有雙善於挖掘人才的眼睛外，唐太宗也有對樂於傾聽的耳朵和虛心接納的心。他能夠接受臣下的規勸，當時許多大臣都有勸誡唐太宗的紀錄，其中最有名的就是魏徵。

唐太宗有一次拉著魏徵抱怨：「當你的看法跟我

的不一樣的時候，就不能先聽我的，給我點面子，之後再找機會說你的意見嗎？」魏徵馬上回答：「我會提，就是覺得您做得不對。如果我當面順從您，背後卻有意見，這可不是好臣子該有的行為！」唐太宗大笑：「這就是為什麼我喜歡你啊！」魏徵深深的鞠了躬：「是您讓我們大膽的發言，我才敢這樣做。要是您不能接受意見，我又怎麼敢觸犯您的威嚴呢。」

還有一次，唐太宗在花園內逗弄小獵鷹，遠遠看到魏徵走來，怕被魏徵說自己只顧玩樂，不認真工作，於是趕緊將獵鷹藏在袖子裡。結果沒想到魏徵長篇大論的講了好久，等到魏徵說完話，唐太宗急忙把獵鷹從袖中掏出來，但獵鷹早就被悶死了。

魏徵死後，唐太宗非常傷心，他跟周遭人說：「我失去一面可以映照出自己行為得失的鏡子！」

★貞觀之治

經歷過隋末唐初戰亂的唐太宗，親眼目睹百姓在隋煬帝統治下的痛苦，他知道人民現在最渴望的就是安定的生活。

唐太宗每天一坐到辦公桌前，就開始思考哪些政策能幫助人民；上朝的時候，說每一句話前，也會仔細考慮是不是對人民有利。唐太宗希望，自己能帶給人民幸福的生活。

於是，唐太宗與大臣們厲行「與民休息」的政策，也就是政府不做大型建設、皇室不鋪張，盡量不去打擾人民。同時，政府發放田地給人民、減少稅收，越富有的人，政府收的稅越多。如果需要招募工人，也從人口多的家庭開始找起。

在唐太宗君臣的努力下，人民的生活逐漸回到正軌，農產豐收、物價低，大家安居樂業，甚至可以出門好幾個月，門不上鎖都沒有關係。

國內局勢恢復穩定之後，唐太宗接著要面對最強

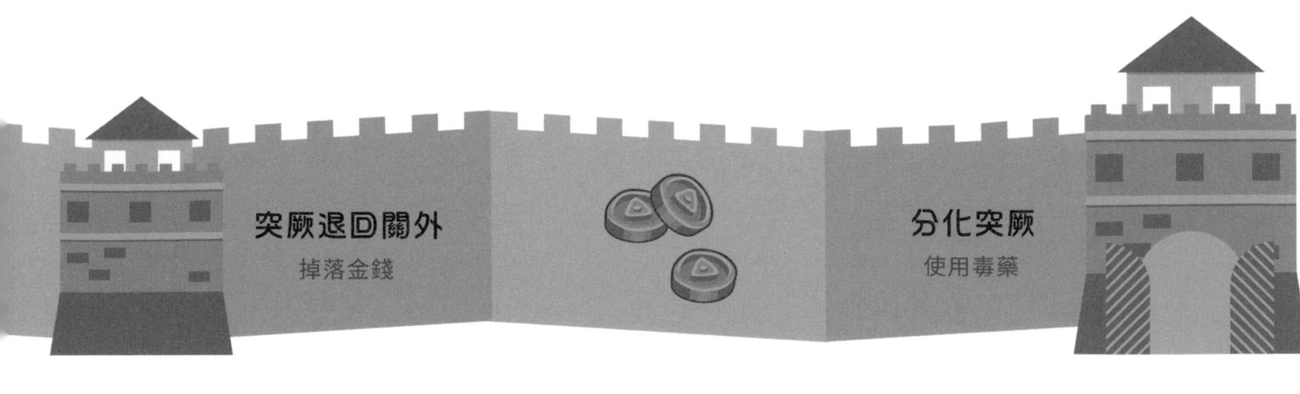

外敵——突厥。突厥雖然在隋文帝的計謀下，分裂成東、西突厥，安分了好一陣子；但東突厥在隋末唐初的戰亂中，再度稱霸北方草原，而且仗著自己兵力強大，多次南下入侵。

東突厥甚至在玄武門之變後，利用唐朝政府不穩的情勢，一舉入侵到長安城外，最後還是唐太宗親自到長安城外與東突厥的首領談判，給了大量的金銀財寶後，東突厥才退回關外。

由此可知突厥給予唐朝極大的壓力。因此唐太宗即位後，一直累積實力，想一勞永逸地解決這個外患問題，並藉此獲得西域（今甘肅西部、新疆東部地區）的控制權。

唐太宗採取的策略與隋文帝一樣，先分化東突厥底下的各個部族，將東突厥分成一塊塊的，削弱他的勢力。由於不少部族脫離東突厥的統治，讓唐朝軍隊得以大破東突厥軍隊，消滅東突厥，順利取得北方草原和絲路的控制權。

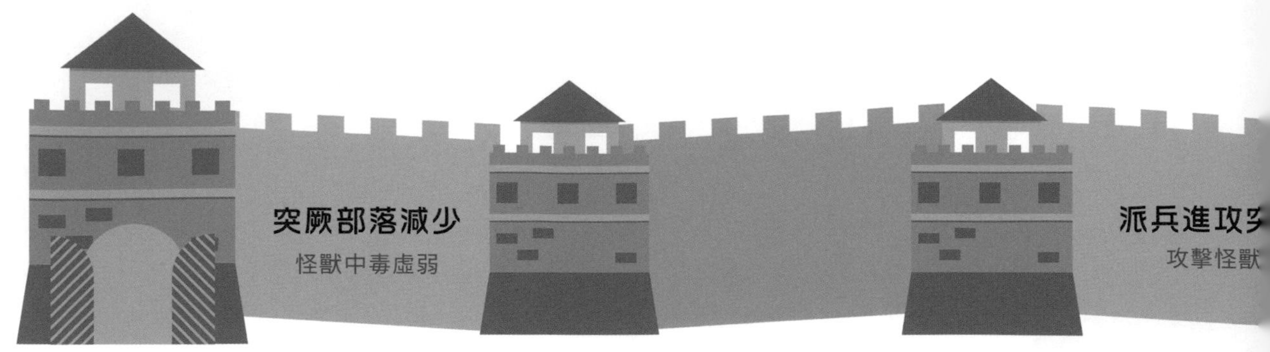

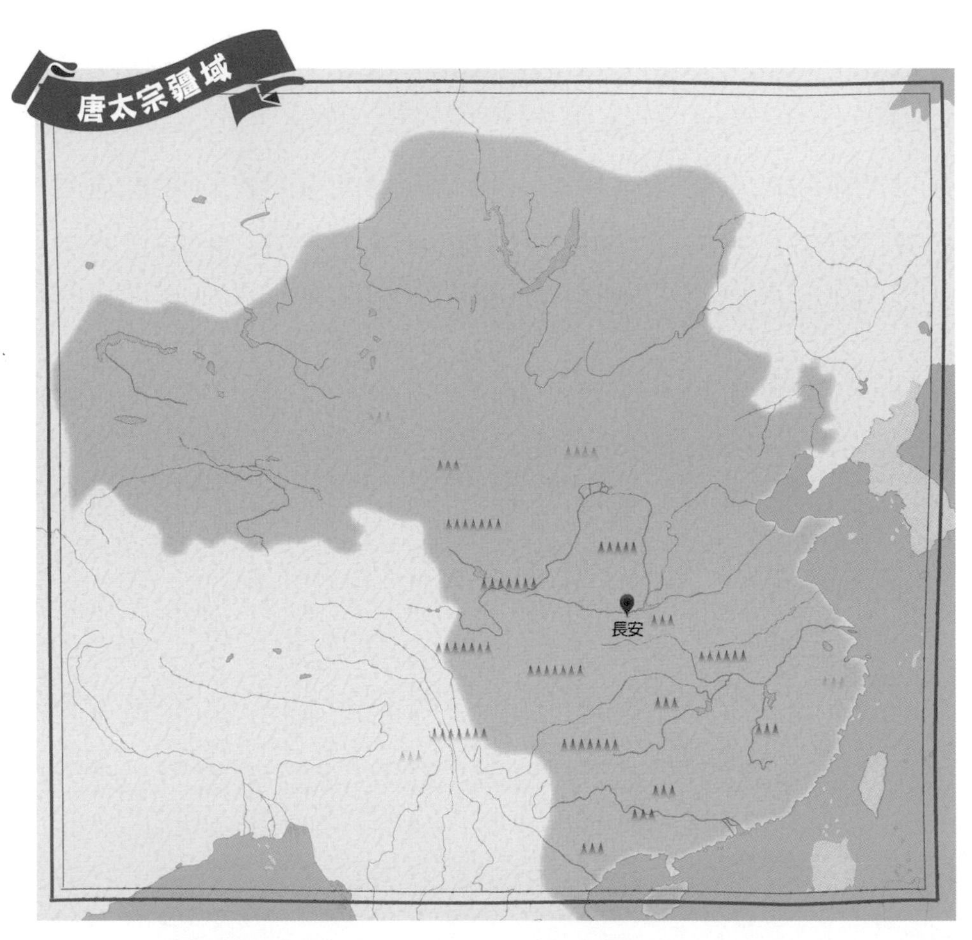

這個區域的部落酋長們覺得唐太宗實在是太厲害了，於是向唐太宗獻上「天可汗」的稱號。天可汗是古突厥文，意思是最高統治者，等於中國的「皇帝」，這表示西域的部落酋長認同唐太宗是西域和草原地區的最高統治者。

唐太宗身為創建唐朝的大功臣，加上統治期間功績很高，一直受到後來人的尊崇。他的治理帶領唐朝走出隋末戰亂的低谷，人民的生活漸漸地邁向富足；對東突厥用兵的成功，奠定唐朝統治西域的基礎。沒有唐太宗的成功，或許就不會有日後唐高宗到唐玄宗接近百年的盛世。

3. 優秀的繼承者

★繼承者之爭

唐太宗晚年，跟父親一樣陷入繼承者的問題中。原先他立大兒子李承乾為太子，可是太宗卻更喜歡與自己相像的四兒子李泰，使得朝廷分成兩派。

兩派相爭後，太子擔心自己最後會像伯父李建成一樣，死在弟弟的手上，因此打算學習父親唐太宗，先下手為強，為自己奪得王位。

但是一個不小心祕密沒有守好，他謀反的風聲洩漏出去，惹毛了父親。唐太宗為了平息風波，決定將兩名罪魁禍首李承乾和李泰一起流放到外地。

唐太宗這時打算立文武雙全的三兒子李恪ㄎㄜˋ為太子，但李恪不是由皇后所生，大臣們認為這樣違反了嫡長子繼承的原則而反對，加上李恪個性強勢，唐太宗深怕他當上皇帝後會殘殺兄弟，最後選了皇后的另一個兒子，個性敦厚、樸實無華的李治為太子，就是日後即位的唐高宗。

★唐高宗找幫手

唐太宗立李治為太子之後，看著才十七歲的年經太子，忍不住為他苦惱起來。唐太宗擔心李治登基後，年紀輕輕又經驗不足，恐怕沒辦法處理好國政，於是他特別交代幾位工作了很久，經驗豐富的大臣，擔任未來皇帝的輔政大臣。

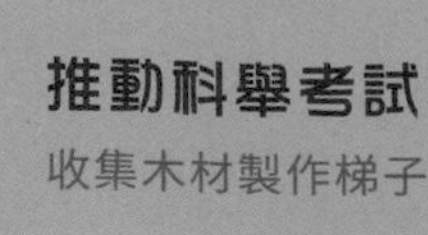

這些輔政大臣在李治成為皇帝後，緊緊盯著他的一舉一動，每件事情他們都要跳出來指手畫腳一番，對唐高宗的權威產生很大的威脅，讓他不能照著自己的想法做事。

更令唐高祖緊張的是，這些輔政大臣的勢力很大，每個人背後都有許多支持他們的官員。

為什麼會這樣呢？原來在唐高祖、唐太宗時，政府內的官員大部分是與他們一同打仗的戰友，或是依靠爺爺和爸爸的功績而進入政府當官的人。這些官員大部分都來自關中地區，也就是前面提過的，隋文帝和唐高祖的大本營。

這些官員與輔政大臣都是關中人，有些還有親戚關係，彼此關係密切，你幫幫我我幫幫你的，形成一股強大的力量，當然會讓唐高宗感到被威脅。

再加上官員大量來自同一地區，施政上也會有不公平的現象發生。每個人當然都會比較偏心自己的故鄉，關中地區的官員這麼多，政策上可能就會偏袒關中地區，這樣唐高宗注意到國內其餘地區的可能性就降低了。

為了解決這些問題，唐高宗決定大力推動科舉考試，先讓全國各地的人都有機會參加科舉，只要有能力通過考試，就可以進入政府當官。

唐高宗大量任用這些新出爐的官員，順利地削弱那批本來由父親指定的輔政大臣的權力，唐高宗終於可以不用在其他人的限制下工作，好好地一展身手。

★戰勝高句麗

唐高宗最引人注目的事業，就是完成隋煬帝和唐太宗都沒有達成的目標——遠征高句麗。

隋帝國的滅亡，與隋煬帝三度遠征高句麗有密切的關係；唐太宗晚年，也發動對高句麗的戰爭，但同樣以失敗收場。

當時朝鮮半島除了橫跨朝鮮半島北部和中國東北部的高句麗外，半島南邊還有新羅跟百濟這兩個國家。

唐高宗蓄積力量後，先幫助朝鮮半島的南方國家新羅消滅百濟，統一朝鮮半島的南方；幾年後，再聯合新羅南北夾擊高句麗，終於消滅了這個從隋朝以來就盤據在東北方的強大國家。

除了殲滅高句麗外，唐高宗也順利消滅了西突厥。解決高句麗和西突厥的外在壓力之後，唐高宗穩固唐朝在東亞地區的強權地位，唐朝的統治範圍也在唐高宗統治時期達到最廣闊。直到這時候，才真正建立唐朝在後人眼中的盛世形象。

★頭痛的唐高宗與強悍的武則天

唐高宗一直都有偏頭痛的問題，在還沒當皇帝之前，這個問題並不嚴重。當了皇帝之後，因治理國家事情多、壓力大，使得唐高宗偏頭痛的問題越來越惡化，甚至影響了他的視力，嚴重時除了劇烈頭痛外，還會短暫失明。

頭痛以及伴隨而來的失明問題一直沒有方法可以解決。有一天，一名御醫向唐高宗提議新的療法：試著用針在唐高宗的頭上扎一個洞，讓裡面的血流出來，或許可以減輕頭痛時腦部腫脹難過的問題。

皇后武則天在旁聽到後，嚇了一大跳，怎麼能讓人在皇帝的頭上開一個洞呢！她憤怒地大聲喊道：「來人哪！把御醫拖去斬了！他居然想用針刺皇上的頭！」

沒想到唐高宗反而安慰武則天說自己的頭很痛，開個洞出點血或許很有幫助，於是請御醫幫他用這樣的方法治療。御醫小心地將針扎在唐高宗的頭上，等治療結束後，唐高宗慢慢將眼睛睜開，發現自己能清楚看到武則天擔心的臉，興奮的大笑道：「我的眼睛看得見了！」

可惜這個療法武則天認為太危險，堅持不讓高宗繼續接受治療。在頭痛問題沒有辦法解決的情形下，高宗越來越依賴有才華的皇后武則天。

一開始，武則天只是幫忙唸公文給常常看不見的高宗聽，並在旁邊給一些意見；接著更進一步，武則

新療法
獲得火把

減輕頭痛
點燃迷幻蘑菇

武則天否決
新療法
火焰熄滅

Game Over

天直接代替高宗批閱公文。到了最後，有野心的武則天利用高宗的健康問題，成為與高宗共同管理唐朝的統治者。

武則天漸漸取得大臣們的信賴，也讓唐高宗在過世之前，指定武則天為下一任皇帝的指導者，下一任皇帝不管要做什麼事情，都需要經過武則天的同意，成為武則天邁向女皇帝的契機。

三、女主的時代

1. 一代女皇

★武則天入宮

武則天在十四歲時，因花容月貌，加上身為創國功臣之後，被唐太宗選入皇宮成為妃子。但是武則天入宮之後，因為和唐太宗年齡差距太大，所以並沒有得到太宗的寵愛。

直到武則天照顧臥病在床的唐太宗時，認識了每天前來探病的太子李治，武則天的生活才掀起翻天覆地的變化。

★武則天與唐高宗的愛情故事

武則天與唐高宗李治的相遇是一場意外！身為太宗妃子的武則天本來沒有機會認識其他男生，但是年老的唐太宗身體不太好，身為太子的李治，每天都要進宮照顧父親，意外認識了在唐太宗身旁服侍的武則天。由於兩人年齡接近，很快地，李治喜歡上冰雪聰明的武則天，兩個人談起戀愛來。

不過這段剛萌芽的愛情，在太宗過世，太子李治繼承皇位之後就結束了。按照規矩，去世皇帝的年輕妃子們通通要送到皇家寺院出家當尼姑，李治和武則天兩個人被迫分開。

原以為再也不能相見的兩人，在某一次唐高宗到寺院祭拜時，意外地與武則天重逢。兩人偷偷地在寺院裡約會，直到唐高宗得知武則天有身孕後，用盡各種方式，終於將武則天迎回皇宮裡。

由於武則天深受唐高宗喜愛，加上武則天有著強大的野心，她小心謹慎的布局，很快就被冊立為皇后。

★二聖的時代

唐高宗一直都有頭痛和眼疾問題，在他剛登基時，毛病還不明顯。十幾年後，唐高宗常常因為頭痛和看不清楚，無法與大臣們商討國務、批改公文。

武則天非常的聰明，又喜歡讀書，唐高宗便讓武則天讀公文給自己聽。漸漸的，唐高宗發現武則天提出的建議都很不錯，於是高宗開始讓武則天參與國政，一起和大臣們討論國事，共同批改公文，武則天就這樣逐步涉入國家事務當中。

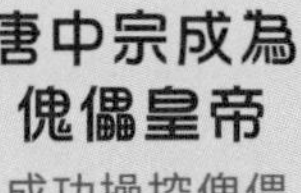

唐高宗去世
中宗登基

唐高宗的遺詔
學會傀儡術

唐中宗成為
傀儡皇帝
成功操控傀儡

漸漸地，高宗越來越依賴武則天，上朝的時候，武則天就坐在簾子後面，與唐高宗一起聽大臣們的報告，大臣們也慢慢習慣武則天對國政發號施令。

這時候的唐朝等於有兩名統治者——皇帝唐高宗和皇后武則天，唐朝人習慣稱皇帝為「聖人」，因此唐高宗與武則天被稱為「二聖」，表示武則天已經有跟皇帝一樣高的地位了！

★超級強勢的媽媽

唐高宗過世後，留下遺詔給繼承者唐中宗，要求他在處理國家事務時，要先詢問過母親武則天的意見，討論一下後再做決定，這樣的安排讓武則天繼續擁有決定國政的權力，唐中宗則成為母親操控下的傀儡皇帝。

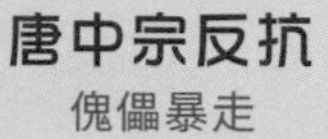

廢唐中宗
立唐睿宗
開啟無敵狀態

唐中宗當然不滿意這樣的安排，他討厭身為皇帝卻沒有辦法決定任何事，於是他決定擺脫母親的控制。

精明的武則天為了防止皇帝反抗她，早在皇帝周圍安排自己的耳目，唐中宗想要自立的消息很快就傳到武則天的耳朵裡。

剛好唐中宗為了對抗母親，想要提拔皇后的父親當大官，卻被其他官員阻止，唐中宗氣炸了，大吼：「我連天下都可以給他了，今天只是當個大官，為什麼不行！」

當皇帝的人怎麼可以把國家送人？武則天馬上抓住這個把柄，強迫唐中宗退位，改由小兒子來當皇帝。

★第一位女皇帝

唐睿（ㄖㄨㄟˋ）宗雖然取代哥哥當上皇帝，但他什麼也不敢做，發生在哥哥身上的事情讓他十分害怕。唐睿宗知道母親的野心，於是小心翼翼的保護自己，對武則天的要求照單全收，對國家大事也表現出完全不關心的態度。

武則天剷除一切不利於自己掌權的因素後，順理成章地登上皇帝的寶座，把唐朝改為周朝，並且遷都洛陽，成為中國歷史上第一位，也是唯一的一位女皇帝。

武則天雖然是開國功臣的女兒，但家庭背景與朝中大臣相比卻低了不少，再加上身為女生卻當上了皇帝，出身顯赫大家族的官員們簡直無法接受，想盡辦法要把她拉下臺。

廣泛錄取人才

獲得斧頭

鞏固政權

砍伐樹木

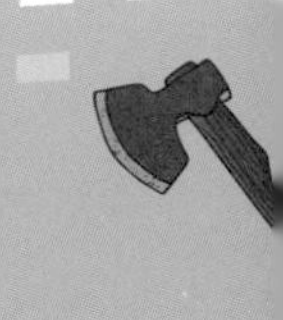

面對這麼一大群來勢洶洶的大臣們，武則天也相當清楚自己身後沒人支持的困境，於是她一直增加科舉考試的錄取名額，並且親自主持科舉考試。

武則天任用人才時，不考慮他的出身背景，只要是有能力的人，她一律拔擢錄用。她這種擴大人才來源，以及拉拔有能力者的作法，讓原先那些握有實權、出身顯赫的官員慢慢地退下政治舞臺。

這些原本不支持武則天的官員一個一個退位後，其餘的官員都是由武則天提拔出來的，對武則天非常忠心，自然對鞏固武則天的統治有很大的幫助。

★誰是接班人

武則天當了十四年的皇帝，這段時間她念念不忘繼承者的問題。武則天希望能夠讓姓武的人來繼承她的皇位，也就是她的哥哥或是弟弟的孩子，而不是讓李家的小孩來做皇帝。可是這樣的話，一定會遭到官員們強力的反對。

武則天想了又想，猶豫了好幾天一

選擇繼承人
跑到叉路口

唐中宗回宮
重新立為太子

遭到政變
武則天退位
受到野獸撞擊

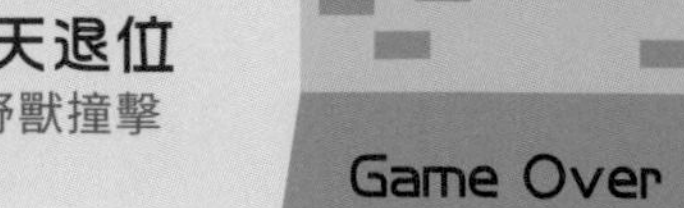

直沒有答案，忍不住將宰相狄仁傑找來，把自己的煩惱告訴他。狄仁傑說：「您想想，雖然您哥哥的小孩姓武，可是他們不是您的親生小孩啊！他們之後要祭拜的是自己的父親母親，而不是您這位姑姑，我沒有聽過姪子在祭拜姑姑的。但是唐中宗就不一樣了，他雖然姓李，可是他是您的親生兒子，在您過世以後，只有您的子孫後代會祭拜您。」

因為狄仁傑的這番話，武則天把被軟禁在外地的唐中宗迎回宮廷，重新立為太子，不過強迫中宗改姓「武」，要讓武周王朝千秋萬世傳承下去！

唐中宗被迎回宮廷裡當太子後，吸取教訓，不再表達任何意見，乖乖地當一個沒有聲音的太子。

年老的武則天身體越來越不好，長時間臥病在床，底下的皇家軍隊首領趁機和官員聯合起來，起兵強迫她退位，提早結束武則天的統治，讓唐中宗當上皇帝。沒多久，武則天就因為生病和被迫退位，鬱ㄩˋ鬱寡歡而終。

2. 女主底下的天子

★重回皇位的天子

唐中宗長期被母親壓制，本來對再次當皇帝就沒有抱著太大的希望，每天與妻子韋皇后過著提心吊膽的日子，在家時只要聽到有武則天的命令，兩個人就會抱在一起大哭，深怕得到壞消息，被母親下令流放或者被殺死。

唐中宗好幾次受不了這樣的折磨，想要自殺，都被韋皇后阻止了，她拉著丈夫的手，安慰他說：「壞事跟好事常常是一起來的，你不能因為現在過得不好就放棄！」

好不容易，唐中宗被母親找回去當了太子，又因為皇家軍隊的叛變再次成為皇帝，好運終於來到唐中宗身邊了。

因此，當唐中宗第二次當上皇帝後，決定要好好地享受人生中第一次沒有母親干涉的生活，對國家政務沒有太多的興趣與關注，他不想當好皇帝，只想當個沒人管的皇帝，他生活的重點就是玩！玩！玩！

那麼，國家要交給誰來管理呢？唐中宗想了想，他最相信的人，就是自己的妻子了。韋皇后陪著他度

過了最困難的日子，兩個人相依為命，感情非常的好。於是，唐中宗把政事都交給了韋皇后，讓她去管理國家。

★立志成為第二位女皇帝

韋皇后得到掌控唐朝的權力後，野心漸漸大了起來，皇后的位置已經不能滿足她了，韋皇后想要效法婆婆武則天，成為第二位女皇帝。

於是韋皇后積極地拉攏朝中大臣，安排自己的親戚擔任高官，努力擴張自己的勢力。最後，找不到任何理由可以讓中宗退位的韋皇后，為了權力，決定下毒殺了自己的丈夫。

韋皇后在唐中宗愛吃的食物裡放入毒藥，順利毒死了唐中宗。接著，韋皇后立了一位新皇帝，自己則成為皇太后，在背後操控著傀儡皇帝。

韋皇后狠心殺死自己丈夫的舉動，徹底惹怒了唐朝皇室其餘成員，唐中宗的姪子李隆基馬上行動，聯合對韋皇后獨掌大權不滿的軍隊將領，率兵攻入皇宮之中。

雖然皇宮中有軍隊保護著，但許多軍人對心狠手辣的韋皇后十分不滿，看到李隆基率領的軍隊，紛紛丟掉手上的武器，向李隆基投降。

韋皇后和她的黨羽們眼見大勢已去，慌張地逃出宮外，跑到另一個皇家軍隊的管區內，希望可以尋求保護。但是這個營區的軍人早就收到消息，知道李隆基的軍隊節節勝利，因此將韋皇后和她的黨羽抓起來砍頭。韋皇后想當第二位女皇帝的野心就此夢碎。

韋皇后死掉後，由唐中宗的弟弟唐睿宗繼承皇位。唐睿宗跟唐中宗一樣，都曾在武則天底下當過皇帝，對處理國政同樣興趣不大；加上成功剷除韋皇后全是依靠他優秀的兒子李隆基完成的，所以在當了幾年皇帝後，唐睿宗很快地便將皇位讓給兒子，李隆基登上皇位，成為唐玄宗。

四、輝煌無比、由盛轉衰

1. 盛世帝王

★開元之治

唐玄宗從小就是個有勇氣的孩子。當時的皇帝是唐玄宗的祖母武則天，武則天的姪子們非常瞧不起這些落魄ㄆㄛˋ的李姓皇族們。有一天，小玄宗與其他皇族成員正要去給武則天請安，卻被一位武家姪子擋住，正當其他人摸摸鼻子打算知難而退時，小玄宗挺身而出，生氣地說：「這是我們李家的朝廷，誰可以阻擋我們進出！」武則天聽到後，不但沒有責怪小玄宗不禮讓武家姪子，反而非常賞識小玄宗，對他疼愛有加。

在唐玄宗的伯父（唐中宗）和父親（唐睿宗）當皇帝的時候，把國家治理的亂七八糟的。因此唐玄宗成為皇帝之後，以曾祖父唐太宗為榜樣，立志要讓「唐朝再次偉大」！唐玄宗積極地對外擴張，提拔優秀的將領，讓他們帶兵與外敵作戰，並且長期駐兵在外，鞏ㄍㄨㄥˇ固唐朝對西域的控制。

唐玄宗同時也任命年輕的官員擔任政府高官，分擔治理國家的責任。

刂除韋皇后
接受禪讓
清除障礙

積極對外擴張
獲得領土

提拔優秀將領
攻擊力提升

任命年輕官員
速度增加

開元之治

經過唐玄宗君臣們的努力，唐朝在唐玄宗的治理下，人民生活變得更加富裕，國家的領土在將士的努力下，也擴大很多。唐玄宗終於完成夢想，讓唐朝成為一個更偉大的國家，因此這段時間被稱為「開元之治」。

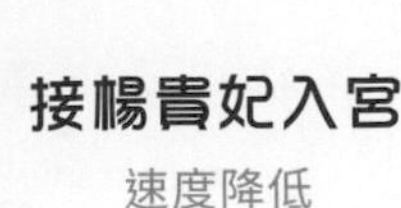

★唐玄宗與楊貴妃

唐玄宗覺得自己已經達成國家富強，人民生活安樂的目標，想要好好地放鬆過日子，於是將大多數的政務交給宰相處理，自己則開始享受悠閒的生活。

這時，唐玄宗看上擅長跳舞的楊玉環，不顧旁人反對，將她接入宮中封為貴妃。

楊貴妃不只會跳舞，長得更是十分漂亮，當時有名的大詩人李白曾在宮廷裡近距離看過她，覺得楊貴妃實在太漂亮了，於是寫下「雲想衣裳花想容，春風拂檻(ㄎㄢˇ)露華濃。若非群玉山頭見，會向瑤臺月下逢。」的詩句稱讚她。

錢幣減少

送荔枝到長安

獲得「妃子笑」

唐玄宗深深地迷戀上楊貴妃，為了討楊貴妃歡心，他做了不少事情，例如在長安的郊區蓋一座專門給楊貴妃泡溫泉的宮殿。此外，楊貴妃喜歡吃荔枝，但是荔枝生長在遙遠的南方，運送到長安需要花很多的時間，等荔枝運到後都不新鮮了。唐玄宗為了楊貴妃，特別派專人到南方採買荔枝，用快馬直送長安，為的就是要讓楊貴妃有最新鮮的荔枝可以吃。楊貴妃吃到新鮮美味的荔枝之後，開心地笑了出來，荔枝也因此被稱為「妃子笑」。

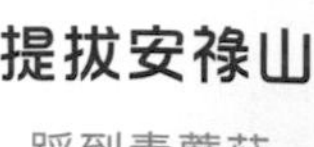

提拔安祿山	與安祿山交談	看安祿山跳舞
踩到毒蘑菇	陷入「迷惑」狀態	陷入「混亂」狀態

因為喜歡楊貴妃，唐玄宗對楊貴妃的家人也很好，他讓楊貴妃的堂哥楊國忠當了宰相，也讓楊家的兄弟姊妹跟皇室結婚，在那個時候，沒有比楊家更風光的家族了。

★討人喜歡的安祿山

當時，唐朝在邊疆地區設置幾個軍事區，用來防禦外敵的入侵。邊疆軍事區的將領大多是當地人，比較熟悉當地的情勢，可以有效與外敵作戰。安祿山是東北地區的胡人，對於當地地理、局勢非常了解，加上精通漢語和胡語，在軍隊裡迅速被提拔。

安祿山長得胖胖的，在一次宴會上，唐玄宗好奇的問他為什麼肚子這麼大，安祿山拍著自己的肚子，笑著回答道：「因為肚子裡裝滿對您的一片忠心，所以特別大！」唐玄宗覺得安祿山真會說話，越來越喜歡他。

不只唐玄宗，連楊貴妃都覺得安祿山真是太有趣了。安祿山會跳一種一直轉圈的舞蹈，叫做「胡旋舞」，安祿山很胖，跳起來容易跌倒的樣子很好玩，常逗得唐玄宗和楊貴妃大笑。

與楊貴妃談戀愛
被迷霧包圍

楊國忠想除去安祿山
撞上怪物

安祿山起兵叛亂
落入陷阱

因為唐玄宗的喜愛，安祿山得到重用，成為身兼三個軍事區的主帥，底下有三十萬驍勇善戰的士兵。每天沉浸在與楊貴妃愛情裡的唐玄宗，幾乎已經完全不理會國事，這給了有野心的安祿山可趁之機。

安祿山本想等到提拔他的唐玄宗過世後，才起兵反抗，但宰相楊國忠不喜歡安祿山，一直想盡辦法要把安祿山趕下臺。

於是，安祿山選擇提早起兵叛亂，帶領他的三十萬大軍，進攻唐朝首都長安，引爆唐朝最大的內亂！歷史上稱為「安史之亂」。

2. 安史之亂

★衝向長安的大軍

安祿山起兵後，決定先攻打國內最富庶的河北和河南。從唐太宗起，國內官員和人民已經很久沒經歷過戰爭，加上朝廷把軍隊長期派駐邊疆地區，使得這兩個區域的兵力很少。

安祿山的大軍不費吹灰之力，有如秋風掃落葉般，快速地攻佔河北地區。短短一個月的時間，反叛軍已經佔領洛陽，劍指首都長安。

朝廷接到安祿山反叛的消息後，唐玄宗又驚訝又生氣，他這麼疼愛的下屬居然背叛他，但宰相楊國忠卻非常高興，可以借此機會剷除安祿山。

政府軍被消滅
生命值降低

面對安祿山的大軍，朝廷急著把其餘鎮守邊疆的軍隊調回長安，準備在洛陽到長安的路上，擋住安祿山的軍隊，一舉解決叛變。沒想到，臨時集結的政府軍，在同樣毫無準備的將軍帶領之下亂七八糟的，根本不是安祿山的對手。在安祿山消滅政府軍後，已經沒有任何人可以阻擋在長安和安祿山之間。

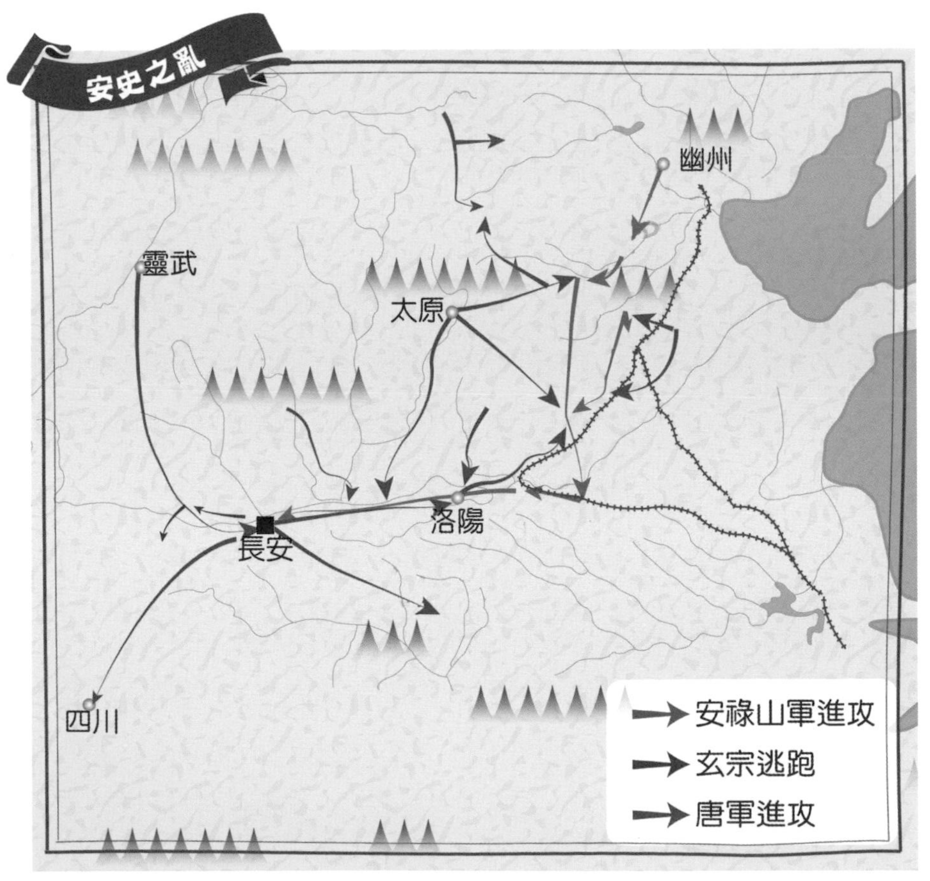

唐玄宗
逃往四川
被怪物追趕

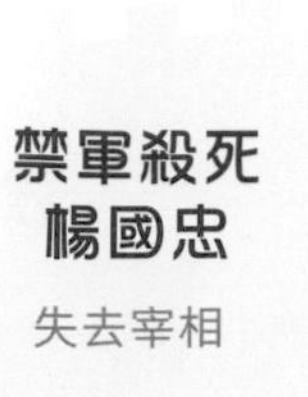

處死楊貴妃
失去妃子

★逃跑的皇帝

唐玄宗面臨大軍壓境，一點辦法也沒有，最後只能帶著太子、妃子們等跑到四川避難。在逃亡途中，保護皇帝的皇家軍隊非常生氣，覺得安祿山會叛亂，都是因為楊國忠！楊國忠沒有能力又貪汙，還喜歡賭博跟美女，濫用權力，把國家搞得亂七八糟的。

皇家軍隊一點都不想要保護害他們匆匆忙忙逃跑，就連糧食和配備都來不及準備的楊國忠，於是，皇家軍隊大喊著要唐玄宗殺死楊國忠，讓大家消氣。

憤怒的士兵們抓著武器，從人群裡把楊國忠拖了出來，團團圍住，不讓他有機會逃跑。好幾個士兵舉起了刀子，一下子就把楊國忠殺死了。

楊國忠被殺死後，皇家軍隊還是不肯罷休，要求唐玄宗也要處死楊貴妃，他們認為要不是唐玄宗這麼喜歡楊貴妃，楊國忠也不會成為宰相。

唐玄宗捨不得楊貴妃，不肯答應，但皇家軍隊一步也不動，要是唐玄宗不殺了楊貴妃，他們就不肯離開。最後唐玄宗只能流著眼淚，命令楊貴妃上吊自殺。

唐肅宗
自行登基
得到「機會」

唐肅宗重用
郭子儀、李光弼
得到優秀將領

避難的路才跑了一半，跟著逃難的太子就在親近的宦官策劃下，帶著擁護他的大臣和軍隊，與唐玄宗分開，一群人跑去找有名的大將軍郭子儀幫忙。太子在郭子儀等人的協助下，自行登基為帝，成為唐肅宗。

★僵持的戰局

唐肅宗登上皇位後，最重要的事情是用盡一切力量和辦法，收復長安與洛陽，並打敗安祿山叛軍。

唐肅宗重用鎮守西北邊疆的郭子儀、李光弼，並且聯合有強大戰鬥力的外族回紇，分別攻擊安祿山的大本營河北和攻打長安、洛陽。

剛開始的時候，兩路進攻的戰略獲得不小成果，但是安祿山可不是省油的燈，雖然長安被郭子儀收復，安祿山馬上將自己的軍隊分為兩部，一部鞏固對河北的統治；一部則防守在洛陽周邊的重要軍事地點。

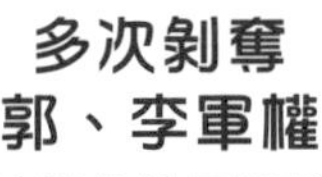

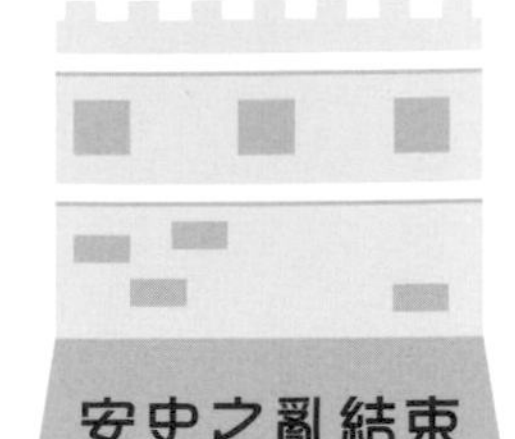

唐朝與安祿山叛軍集團的戰爭，此時陷入拉鋸戰，彼此都無法消滅對方。同時，唐朝與安祿山陣營都陷入了混亂。

安祿山反叛陣營裡，自從安祿山被自己的兒子殺死後，大家誰也不服誰，領導人在短短幾年內就換了好幾個，使得反叛陣營分裂，實力大為削弱。

唐朝這邊，帶領軍隊在前線作戰的郭子儀、李光弼因為和朝廷裡一些有勢力的大臣意見不同，加上皇帝不放心將兵權交給同一個將領太久，使得他們兩位被剝奪軍權好幾次，讓朝廷對抗安祿山叛軍的作戰沒有辦法順利進行。

最後，朝廷認清現實，由郭子儀全權主導戰事的進行，但唐肅宗還沒看到安祿山叛軍集團被消滅，就已經過世。

安祿山掀起的慘烈戰爭，經過八年的時間，唐朝終於好不容易贏得勝利。戰爭的發動者安祿山早已被自己的兒子殺害，唐玄宗與唐肅宗也相繼過世，無緣見到戰事的結束。唐肅宗的兒子——唐代宗雖然終結安史之亂，但唐朝已經無法恢復往昔的盛世。

五、帝國中的豐富生活

1. 長安與洛陽

★唐朝的首都

唐朝有三個首都，分別是太原、長安跟洛陽。太原是唐高祖起兵之地，被唐朝皇室視為祖先基業的所在地，加上位於重要戰略地點，可以阻擋北方游牧民族南下攻擊，是一個很重要的軍事都市。

唐高祖取代隋朝建立唐朝以後，苦惱了很久到底要把首都蓋在那裡，他把地圖拿出來看了又看，發現大興城有著廣闊的宮殿、完整的都市規劃、堅固的城牆、易守難攻的地理位置。再加上大興城以前叫做長安，是一個從周朝就有的古都，漢朝也把首都蓋在這裡。唐高祖把大興城的優點一個一個列下來，發現這裡真是太好了，於是決定就把首都訂在這兒了，只是將大興城改回原來的名字「長安」。

洛陽則被當時的人們當成整個中國的中心點，他們認為在中心點建立首都，有名正言順統治中國的意味。

例如隋煬帝，他在登基後，馬上將首都遷到洛陽；武則天當上皇帝時，也把首都設立在洛陽。洛陽也是當時的物流中心，各地的物資都會先藉由大運河集中到洛陽後，再轉運到長安。

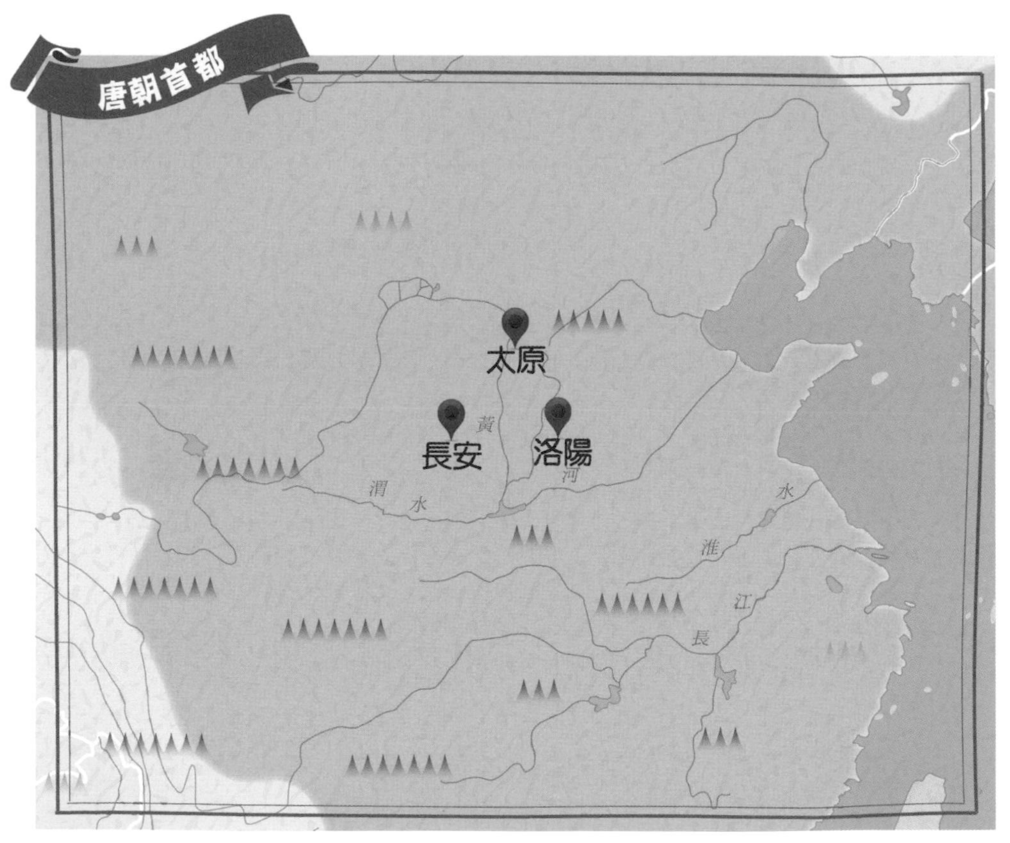

★棋盤一般的城市

長安與洛陽最大的特色，就是「坊市格局」。這種格局像方方正正的棋盤一樣，棋盤內每條線代表城內的馬路，而棋盤內的格子就是「坊」與「市」。

棋盤的外圍用高高的城牆圍住，保護城裡的居民，棋盤內的每個格子則是被比較低矮的城牆圍起來，一共有四個門提供居民出入。

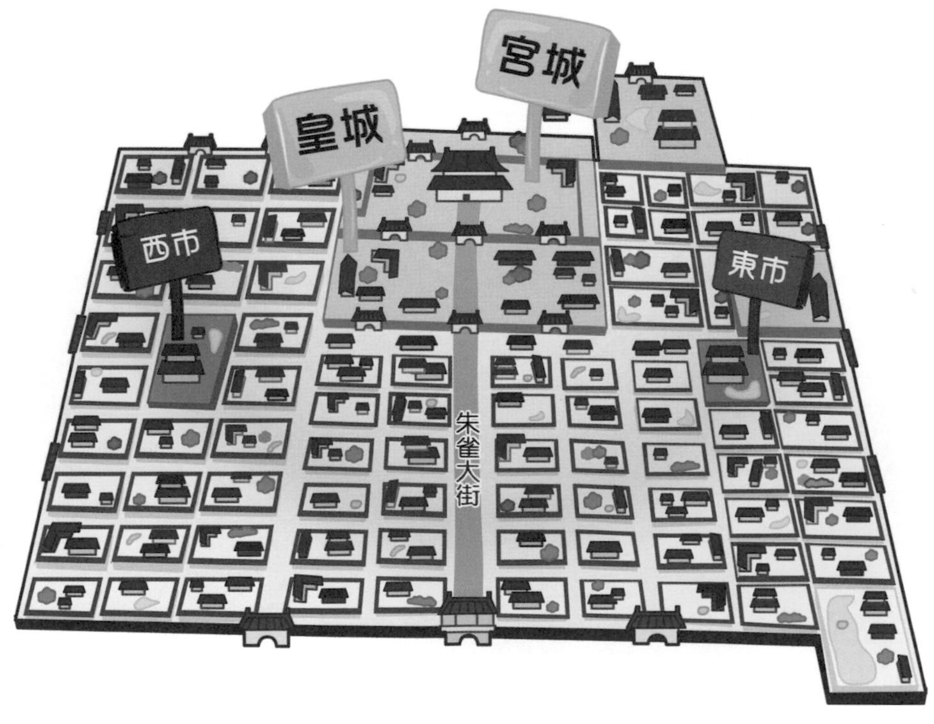

在長安裡，這些棋盤內的小格子總共有一百多個，大多數都是「坊」，提供給大家居住，是住宅區；另外有兩個特別大的格子規劃為「市」，讓居民可以在這裡進行商業交易，是城市內的商業區。

城市內除了劃分出「坊」和「市」之外，還嚴格的規定進出時間。太陽出來的時候，坊門會開啟，人們就要趁這個時候趕快出門辦事情，因為當太陽下山後，坊門就會緊緊地關起來，誰都不可以在路上走動。最好不要偷偷摸摸地跑出來，這時候皇家軍隊可是會在街上巡邏ㄌㄨㄛˊ，察看有沒有偷溜出來的人或是違法的事情發生。要是被抓到了，就要挨板子或是繳罰款了。

雖然出入的時間有嚴格的規定，但是晚上坊內的活動皇家軍隊其實不會去管，只要不出坊門就沒問題。有些坊因為有不少的旅館和酒館，而成為有名的夜生活區，常常有人流連這些地方，整個晚上喝酒聊天，等到天亮才回家！要是晚上餓了，這些坊內也有許多的攤販賣小吃，很像今天的便利商店，提供坊內居民方便的生活。

有一天，小李與小鄭約好了一起到坊裡的酒館喝酒，太陽還沒下山前，小鄭有事先走，在其它坊的茶館裡遇到一位長得很漂亮的女生，小鄭與她一見鍾情，兩個人牽著手聊了一整個晚上。

聊著聊著，小鄭敵不過睡魔的誘惑，還是睡著了。沒想到早上醒來後，漂亮女生居然不見了！小鄭走到茶館外面，打算問問燒餅老闆有沒有看到那位漂亮女生。小鄭與燒餅鋪老闆閒聊後，才發現昨天的漂亮女生竟然是位狐仙！

小李和小鄭就是到娛樂活動特別發達的坊內喝酒作樂，小鄭早上醒來後還可以到住家附近吃早餐，可知道長安的生活相當便利。

★盛大的上元節

長安平常晚上黑漆漆的街道，在上元節（就像現在的元宵節）這幾天完全不一樣，大街小巷裡全都掛滿了燈籠，把晚上照得跟白天一樣亮！

每天晚上認真巡邏的皇家軍隊，在上元節前後共三天的晚上，是不會抓人的，居民們想要整個晚上都待在外面也沒問題。

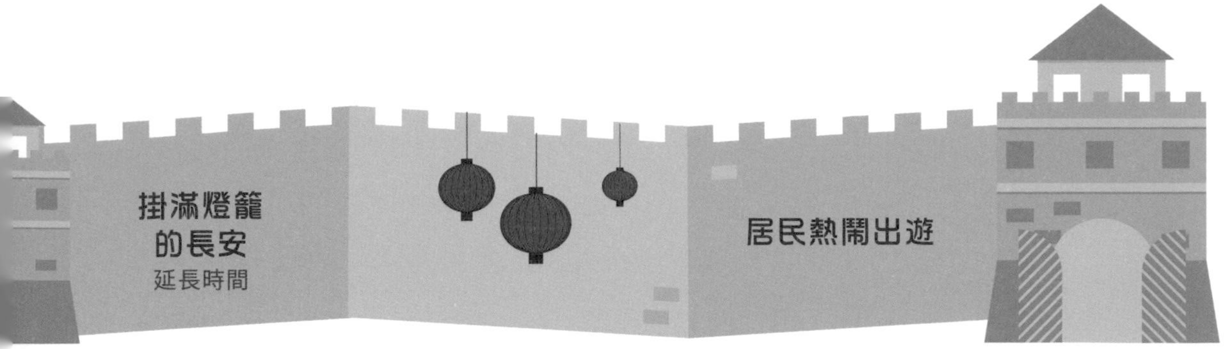

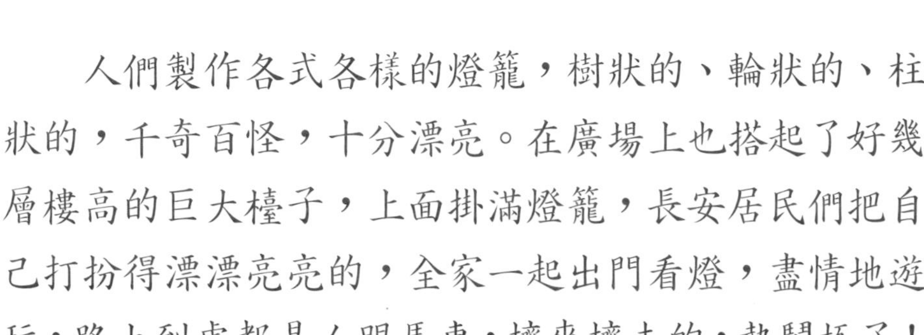

人們製作各式各樣的燈籠，樹狀的、輪狀的、柱狀的，千奇百怪，十分漂亮。在廣場上也搭起了好幾層樓高的巨大檯子，上面掛滿燈籠，長安居民們把自己打扮得漂漂亮亮的，全家一起出門看燈，盡情地遊玩，路上到處都是人跟馬車，擠來擠去的，熱鬧極了！

★走，逛街去

雖然坊內有提供小吃和部分生活必需品的小店，但當時人們主要的消費地點，還是在都市中的「市」。

長安城裡有「東市」跟「西市」，一個市大概有兩個坊那麼大，裡面有密密麻麻的街道、巷弄，像蜘蛛網一樣，交通非常方便。

攤開長安的地圖，可以發現東市很靠近皇宮，附近又是王爺、貴族、大官的住宅，所以許多高級的奢侈ㄔˇ品在東市都可以找得到。

除了奢侈品之外，東市有鐵行、肉行、筆行、印刷業、賣布的、幫忙在衣服繡ㄒㄧㄡˋ上美麗圖案的、賣胡琴的、占卜的、酒館、飯館等等，店鋪跟貨物非常的多。

東市附近是貴族們住的地方，西市附近則是住滿了商人們，再加上西市這裡的人口比東市那裡的多，所以西市更繁榮、更熱鬧，當時的人稱這裡為「金市」。

西市裡有服裝店、酒館、藥行、魚店、陶器店、珠寶店、賣布料的、賣麵粉的、賣馬具的、賣牲畜的等等，規模十分龐大。

在西市除了唐朝的商人外，還有許多從其他國家來的商人，其中從波斯跟大食兩個國家來的商人最多，唐朝人習慣叫他們「胡人」。

有些胡人把從國外帶來的稀有商品賣給唐朝貴族們，然後換回漂亮的絲綢、碗盤、茶葉等唐朝的特產，運回自己的國家賣。

還有些胡人就在長安住了下來，在西市經營酒館、珠寶店等等，胡人非常擅長分辨珠寶的好壞，所以他們經營的珠寶店生意特別特別的好！

酒館裡，則有濃眉大眼的漂亮胡人女生在賣酒，唐人稱她們為「胡姬」。來到西市附近郊遊的唐人們，騎著馬到處閒逛，玩累了但又不想回家，就會到胡姬開的酒館裡聊天喝酒，享受休閒時光。

至於賣胡餅（類似現在的燒餅）的胡人路邊攤，也大受唐人的歡迎。在冷冷的冬天裡，蒸胡餅的爐子冒出陣陣的白煙，買一個熱呼呼、香噴噴的胡餅來吃，身心都暖了起來。

★國際大都市

因為唐朝的強大，當時的長安與洛陽可是國際都市！都市內除了胡人外，還住著形形色色來自不同地方的商人，例如日本、新羅、東南亞等等，因此市內販賣許多國外進口的商品，也充滿了各種不同口音的人。

城市內除了人聲鼎沸外，只要抬頭一看，還可

以發現四處聳立著塔樓。唐朝人不論是皇帝還是平民，都虔誠地信仰佛教與道教，尤其佛教更是大多數人的信仰。

為了滿足多數人的宗教需求，長安裡有著大大小小好幾百間寺院、道觀。這些宗教建築就遍布在各個坊裡，甚至有的坊裡全部都是寺院或道觀！

這些寺廟不只是拜拜的地方，更是唐人休閒娛樂的好去處。讀書人喜歡相約來寺廟辦讀書會，這裡安靜又漂亮。他們一起唸書、寫詩、在走廊上喝酒，待到月亮升起才準備回家。

要是寺廟舉辦「俗講」，由僧侶來分享佛經故事、民間傳說，那更是不得了的一項活動！寺廟的院子被人擠得滿滿的，每個人伸長脖子，專心盯著臺上說故事的僧侶，隨著故事又哭又笑。

可以想像，當時居住在長安城內，白天被附近寺院的和尚唸經聲喚醒，起床後到家中附近的小吃鋪填飽肚子後去上班。休假時到「市」內逛街血拼，晚上和朋友在酒館吃飯聊天。這樣的城市，滿足了居民各式各樣的需求，展現出豐富的城市生活。

2. 絲路與文化交流

★玄奘ㄗㄤˋ與絲路

在隋末唐初時，有一位年輕的僧人叫做玄奘，他在二十五歲以前就遊遍中國，向各地高僧學習佛法。雖然如此，聽完許多高僧上課的玄奘卻覺得離真正的佛法越來越遙遠。佛教和經書都是從外國傳進來的，玄奘認為這翻譯佛經的人沒有好好了解這些經書真正的意涵。

為了讓一般人可以正確地學習佛法，玄奘決定到佛教的起源地天竺ㄓㄨˊ（今印度）學習佛經，並把佛經帶回中國。

當時出國需要向政府申請出國證明，可是那時候的唐朝與突厥正在爭奪西域的主導權，考量到安全問題，政府不同意玄奘的出國申請，玄奘試著申請了好幾次，卻一次都沒有通過。

但玄奘西行取經心意已決，沒有出國證明也阻止不了他，最後玄奘決定要偷渡出國，一定要達成到天竺學習、取佛經的願望。

玄奘一路上經歷很多困難，他曾經在靠近唐朝邊疆的地區被政府官員抓住，官員正打算將玄奘送回長安時，一所寺院的住持（管理寺院的僧人）讓兩名弟子偷偷協助玄奘逃走，玄奘才能繼續往西邊前進。

但接下來的路一點也不好走，玄奘一個人走在一望無際的沙漠中，除了金黃色的沙子，再也沒有別的景色。白天太陽又熱又曬，晚上卻又非常的寒冷，一個不小心就會迷失在沙漠裡。玄奘曾經弄丟水壺，好幾天都沒水喝；也曾遇到強盜，差一點就被殺死。

好不容易離開了唐朝的領土，沒想到玄奘在到達西域一個叫高昌的國家後，被國王強行留了下來。高昌國王非常欣賞玄奘在佛學上高深的學問，要讓玄奘留在高昌當國師，不讓玄奘離開。

玄奘為了繼續西行，只好以絕食的手段向國王展現自己取經的決心。國王看到玄奘連著三天一滴水都

獲得協助
成功離開唐朝

留在高昌國
絕食抗議
虛弱狀態

抵達天竺
學習佛法
迷幻蘑菇失效

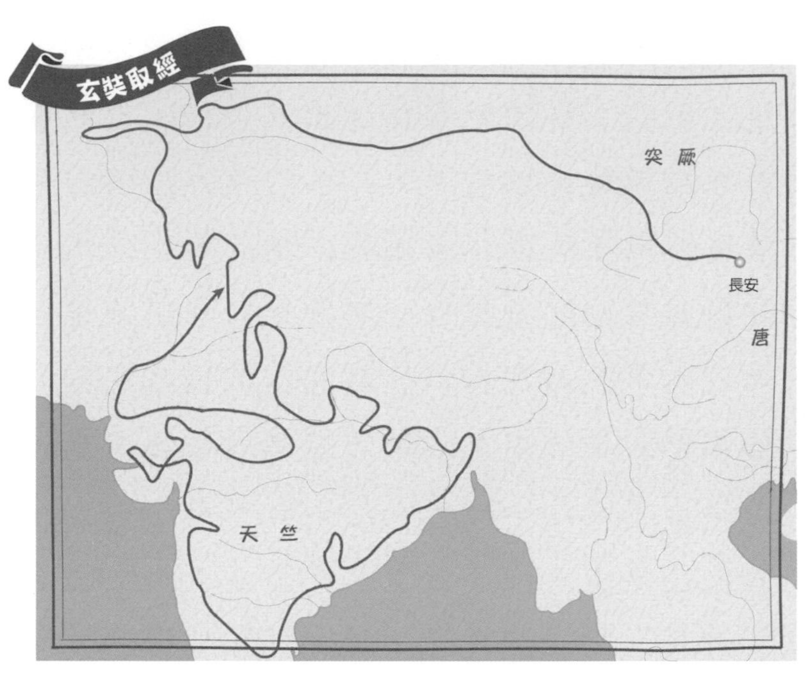

沒有喝，身體越來越虛弱，終於被玄奘的行為感動，就讓玄奘上路，繼續取經的重任。

玄奘從唐朝首都長安出發，途經西域，走過沙漠和高山，經過大大小小一百多個國家，終於抵達天竺。玄奘在天竺認真地學習當地的語言和佛法，在離開唐朝十幾年後，玄奘終於成功攜帶大量的佛經回國。

玄奘回到唐朝後，受到了熱烈歡迎。從百姓到大官，不論是男女，老人還是小孩，擠滿了長安的大街，都伸長了脖子想看看這位千里迢迢取經的英雄。

唐太宗也派出官員迎接，把玄奘接到皇宮，聊起了佛法跟玄奘在西域所發生的事情。唐太宗發現玄奘的學問很好，於是下令讓玄奘在長安的弘福寺翻譯他帶回來的好幾百本佛經。玄奘努力工作了好幾年，成功把一千三百多卷的佛經翻譯成中文。

除了翻譯佛經，玄奘還跟自己的學生一起寫了一本《大唐西域記》，這本書寫滿了玄奘的旅遊紀錄，包括他經過的或聽過的一百多個國家的風景、食物、居民、語言等等。明朝有一位小說家就是從這本書得到靈感，創作出以神通廣大的孫悟空為主角的小說《西遊記》，受到大家的歡迎。

★沙漠的另一邊

玄奘在前往天竺時，費盡力氣穿過一大片的沙漠，四周都是高聳的山脈和荒涼的景色，雖然這條路走起來十分辛苦，卻有一個非常美麗的名字，叫做「絲路」。

為什麼這條位在沙漠中的路被稱為「絲路」？在古代，絲綢可是中國的獨家專賣品，因為中國牢牢的把養蠶、抽絲、紡紗的方法掌握在手中。全世界都為中國那又軟又輕的美麗絲綢瘋狂，羅馬人甚至願意用黃金來交換絲綢！

商人們拉著駱駝，來來回回走在這條路上，將絲綢送往西方，久而久之，外國人就將這條運送絲綢的路稱為「絲路」。

可是絲路不單單只運送絲綢，中國漂亮的陶瓷、威力強大的火藥、方便的造紙技術，以及印刷的技術也透過絲路來到了西方國家，進一步的流傳到世界各地。

除了中國的物品和技術往西流通，來自西方的商人也為中國帶來許多東西。他們在駱駝背上塞滿了貨物，從遙遠的國家帶來了胡蘿蔔、菠菜、葡萄和胡椒等美味的食物。除了滿載食物的駱駝，也有不少駱駝背著象牙、寶石之類的珍貴商品。西方商人期盼這些商品能讓他們換取更多的中國貨物，回家後大賺一筆。

這些唐朝人從沒見過的東西，隨著商人踏上絲路，穿越沙漠，經過好幾百個大大小小的國家，來到長安的市集上，最後出現在唐朝有錢人的家裡。

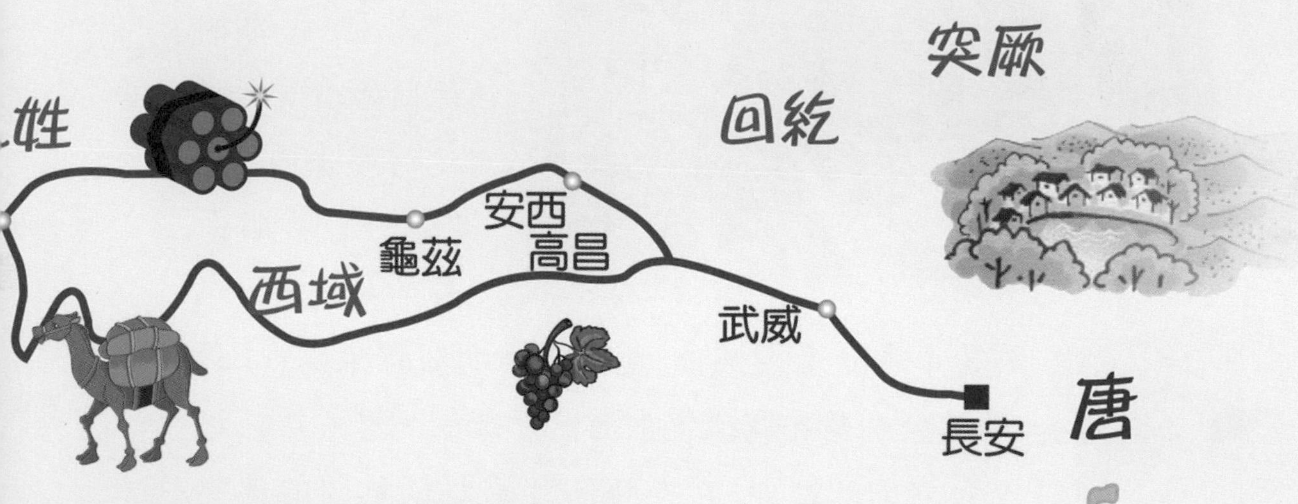

在那時候，只要是從西域來的食物、衣服、遊戲等等，都是最流行的。居住在長安的唐人，紛紛模仿西域文化。他們穿上和寬鬆唐服完全不一樣的「胡服」，胡服的袖子很窄，衣服也短，腰帶繫得緊緊的，再搭上緊身褲和靴子，頭上戴著胡帽，不僅活動方便，更是走在流行的最尖端。

在宴會中他們喝著葡萄酒、吃著胡餅，看著漂亮的胡姬隨著音樂，快速的轉著圈圈，跳著大家都愛看的胡旋舞。

要是不喜歡看表演，也可以呼朋引伴來場「馬球」，兩隊分別騎在馬上，手上抓著球杖，想盡辦法把球打入對方的球門，在那時候可是超級熱門的運動呢！

★大唐魅力無法擋

唐朝除了透過絲路與西方國家交流外，和位在東北方的新羅、日本，還有越南等國家一樣有密切的交流。

受到崇拜的唐朝
聲望增加

各國派遣留學生

學習唐朝文化
等級提升

在那個時候，唐朝是東亞世界中的王者，是周遭國家公認文明最高、生活最富足的國家，受到大家的崇拜。因此其他國家常常派遣使者或僧侶來到唐朝留學，學習儒家經典、宗教文化、政治制度。這些使者或僧侶把在唐朝學到的新知識帶回自己的國家，模仿並且推行這些唐朝的制度與文化。

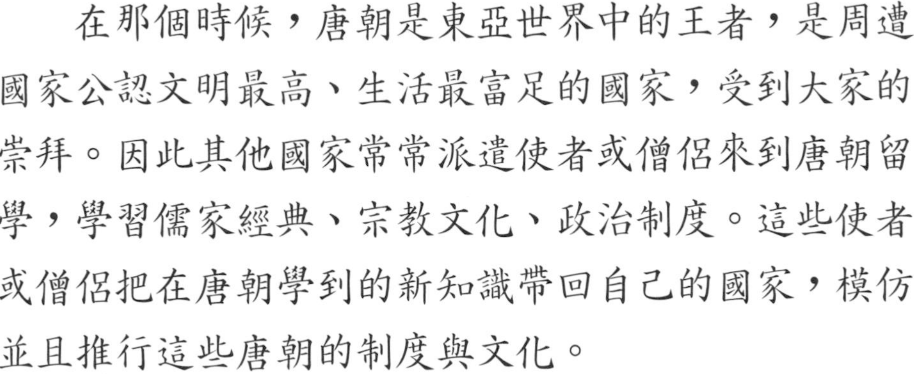

例如日本，為了向唐朝學習，前前後後一共派出了十幾次的遊學團，每次都有好幾百人。好多好多的日本留學生跟僧侶坐著大船，穿過海浪，遠離家鄉，來到陌生的唐朝，耳朵聽到的是不同的語言、嘴裡吃著陌生的食物，努力地在唐朝學習，希望能帶著知識回日本，把日本變得更好。

後來，日本利用漢字創造了現在還在使用的「平假名」和「片假名」兩種日本文字。並模仿長安建造了平城京（奈良）和平安京（京都）兩座都市。

佛教也隨著僧侶來到日本，一位叫做鑑真的唐朝和尚，答應了日本僧侶的邀約，偷偷渡海前往日本。鑑真的日本行一點也不順利，前面五次都沒有成功，好不容易，在他六十六歲的時候，終於順利抵達日本。

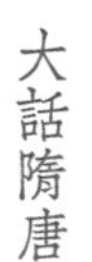

鑑真後來再也沒有回到唐朝，而是留在日本教授佛法。

來到陌生的國度，新羅人、日本人和越南人雖然語言不通，不過這些到唐朝學習的外國人一點也不用擔心溝通問題，因為每個人都學會了「漢字」，他們可以進行筆談，只要有紙跟筆，寫下字來，大家什麼都能聊，許多唐人因此跟外國人變成了好朋友。

3. 文化遺產——唐詩

相信每位小朋友都知道唐詩，或許還聽過「床前明月光，疑是地上霜。舉頭望明月，低頭思故鄉」或者「月落烏啼霜滿天，江楓漁火對愁眠。姑蘇城外寒山寺，夜半鐘聲到客船」等等詩句。據說當遊客到蘇州（姑蘇）玩時，都會指定參觀寒山寺，由此可知唐詩的影響有多廣大。

寫詩吟唱是唐朝文人必備的技能，他們心情好可以寫詩，遇到麻煩、心情不好也可以寫詩，出去玩可以寫詩、早餐午餐晚餐吃了什麼都能拿來寫詩，簡直無所不寫！

如果是文人之間的聚會，那更是要有詩。在聚會中，文人們都會吟詩歌唱，除了增加聚會的樂趣之外，也藉著詩句紀錄文人彼此之間的好感情。

唐朝的每一首詩都可以吟唱，對不認識字的人，也可以透過歌唱的方式來認識詩，因此唐詩廣泛地流行於各個社會階層中，上自皇帝，下至平民百姓都可以朗朗上口。「詩」對唐朝的文人來說，就像我們今天的臉書，是一種用來表達自己心情，拿來與人交流的生活工具。

★詩仙李白

唐朝人實在太愛寫詩了，在這三百年間，大約有兩千多位詩人，五萬多首詩作，讀都讀不完！其中最有名的詩人，是唐玄宗時期的李白與杜甫，兩人並稱「李杜」，並分別有著詩仙和詩聖的稱號。

李白這個人非常的灑脫，不喜歡受到拘束，從小除了書讀得好之外，也喜歡劍術，十五歲就打遍天下無敵手。等到李白再大一點的時候，決定和朋友出去闖天下，他帶著自己的劍，開始了旅程。

一路上，李白交了不少的朋友，和好朋友相聚，少不了喝酒。李白超級喜歡喝酒，沒有酒精的催化，李白可能就寫不出這麼多美麗的詩句，他有很多詩也都與酒有關。

某天晚上，李白獨自在院子裡喝酒。看著滿院子的花跟手中的美酒，這麼棒的景色居然只有自己一個人，未免太孤單了點。不甘寂寞的李白把天上的月亮，以及地上自己的影子當成朋友，一起喝酒。

他在〈月下獨酌〉中寫道：「花間一壺酒，獨酌無相親；舉杯邀明月，對影成三人。月既不解飲，影徒隨我身；暫伴月將影，行樂須及春。我歌月徘徊，我舞影零亂；醒時同交歡，醉後各分散。」

在這個晚上，李白大聲的唱歌，快樂的跳舞，唱歌時有月亮在天上聆聽，跳舞時有影子一起伴舞，過得熱鬧極了！

接著，李白來到了長安，認識了當時的大官賀知章。賀知章讀完李白的詩之後讚嘆不已，對著李白說：「能寫出這麼棒的詩，你根本是位仙人啊！」

很快的，李白優美的詩作傳遍大街小巷，連在皇宮中的唐玄宗都知道了，於是特地把李白找去宮中，讓李白陪著唐玄宗飲酒作樂、作詩吟唱。來到皇宮的李白，還是不改自己愛喝酒的個性。

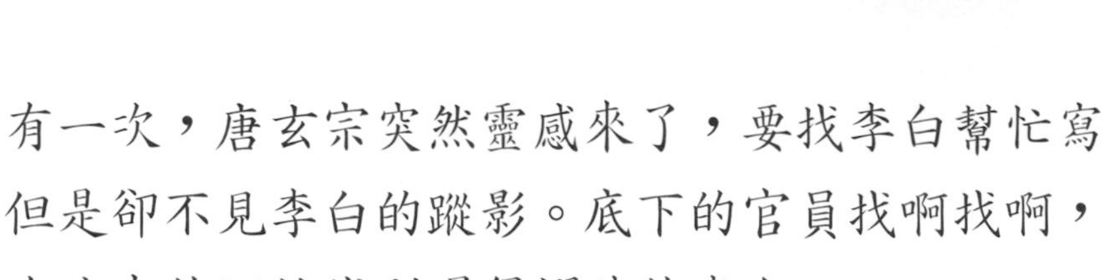

有一次，唐玄宗突然靈感來了，要找李白幫忙寫詩，但是卻不見李白的蹤影。底下的官員找啊找啊，終於在城中的酒館找到喝得爛醉的李白。

李白被帶回皇宮後，還是醉醺醺的，旁邊的人只好狠狠的往他臉上潑了兩碗水，才把他弄醒。醒了之後，李白大筆一揮，馬上就寫出美麗的詩句。唐玄宗雖然不喜歡李白這種個性，但非常愛惜李白的創作才能，對他荒唐的行徑就多方包容。

可惜李白還是得罪了唐玄宗的寵妃楊貴妃，楊貴妃開始在唐玄宗耳邊說李白的壞話，時間一久，唐玄宗也討厭起李白來，最後李白被趕出皇宮。李白出宮後依舊不改豪放的性格，繼續旅遊。不管是遇到舊朋友，或是交了新朋友，李白總是和朋友聚在一起喝酒、聊天、唱歌，一點也不介意自己不得皇帝喜歡。

李白甚至寫了〈將進酒〉，得意地唱到：「人生得意須盡歡，莫使金樽空對月。天生我材必有用，千金散盡還復來。烹羊宰牛且為樂，會須一飲三百杯。」

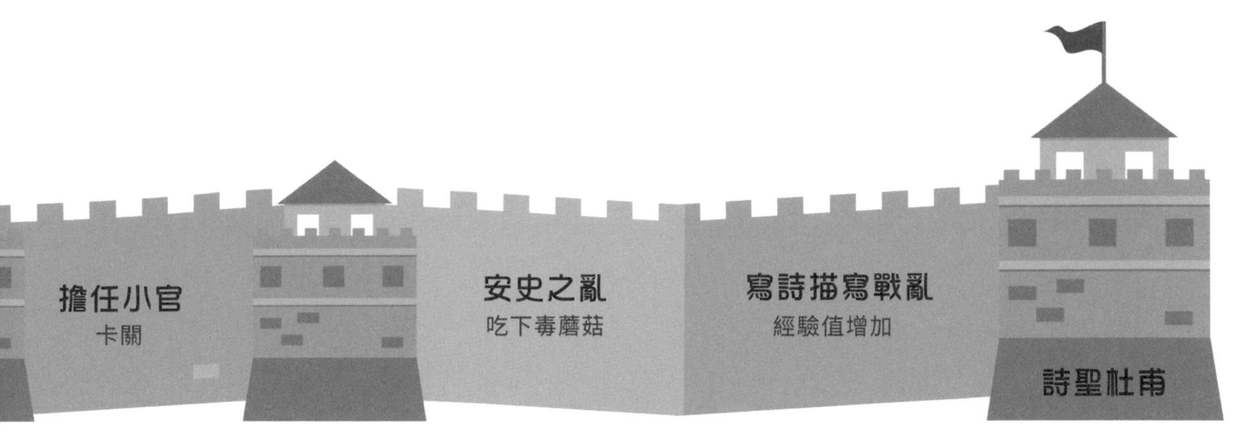

李白想，人生這麼短暫，總覺得自己還年輕，但轉眼間白頭髮就長出來了，當然要珍惜快樂的時候。有錢就花、有酒就喝，這是多麼快樂的日子啊！

由於李白率性灑脫，視世間功名如浮雲，嚮往神仙般優遊，不受人世間規則拘束的生活，他的詩作一再地表現出他鮮明的個性，所以被尊稱為「詩仙」！

★詩聖杜甫

李白喜歡飲酒作詩，雖然曾經進皇宮服侍過皇帝，但李白其實對當官沒什麼興趣。相較之下，李白的好朋友杜甫就非常希望自己可以受到皇上的賞識，在政府中一路順利升遷。可惜，杜甫在當時沒有什麼名氣，知名度跟李白比差了好大一截，直到過世後，他的詩作才被人欣賞。

杜甫沒有李白那種灑脫的個性，加上對自己的期許高，因此詩作中流露出比較多懷才不遇的想法，他在〈古柏行〉寫到：「志士幽人莫怨嗟ㄐㄧㄝ，古來材大難為用」來哀嘆自己不受到重用。

由於身懷治國的抱負，所以杜甫也特別關心一般平民百姓的生活。當時正好爆發安史之亂，百姓的生活受到戰爭很大的破壞，許多人流離失所，杜甫的生活當然也受到影響。

在逃難的時候，杜甫遇過吃不飽穿不暖的人、被強行徵兵的孩子、孩子全都戰死的老母親，這些全都被他寫進了詩裡。

杜甫的許多詩都寫出人民對戰爭破壞的無奈，例如〈無家別〉這首詩提到：「我里百餘家，世亂各東西；存者無消息，死者為塵泥。賤子因陣敗，歸來尋舊蹊ㄒㄧ。久行見空巷，日瘦氣慘悽。」

當兵的人回到了故鄉，發現本來有一百多個家庭的村莊，因為逃避戰亂而各奔東西。戰爭中的倖存者一點消息也沒有，死去的人已經化為塵土，再也見不到面了。他本來想要回到村莊找找認識的人，但走了很久很久，看到的都是空蕩蕩的巷子跟殘破的房屋，太陽照在屋子上，卻一點也不暖和，孤孤單單的更令人傷心。

杜甫的詩中，表達出對人民不幸遭遇的同情，以及強烈為國家做事的抱負，所以被後世的文人尊稱為「詩聖」，代表著杜甫的詩傳達出強烈的憂國憂民情懷。

六、亂世新時代

1. 新局面的出現

★難以管理的藩ㄈㄢˊ鎮

在安史之亂初期，為了對付來勢洶洶的安祿山大軍，唐朝政府想了個辦法。

原先，唐朝的地方只有州跟縣這兩個行政單位，為了阻止安祿山繼續佔領其他唐朝土地，於是在重要的區域，設置了管理好幾個州的「藩鎮」。

但是這些藩鎮沒有因為戰爭的結束而取消，反而繼續遍布在唐朝各地。這些藩鎮就像一個又一個在唐朝國內的小王國。

在這些小王國裡，權力最高的長官是節度使，舉凡軍事、行政或是財政，都是節度使說了算！

這些國中之國的藩鎮，大多數受到朝廷直接的管理，由朝廷直接任命節度使。但是有一部分藩鎮一直到唐朝滅亡都不受朝廷控制，真的是名副其實的土皇帝。

設置藩鎮
獲得小幫手

安史之亂結束
小幫手幫大忙

節度使掌握
藩鎮權力
小幫手失控

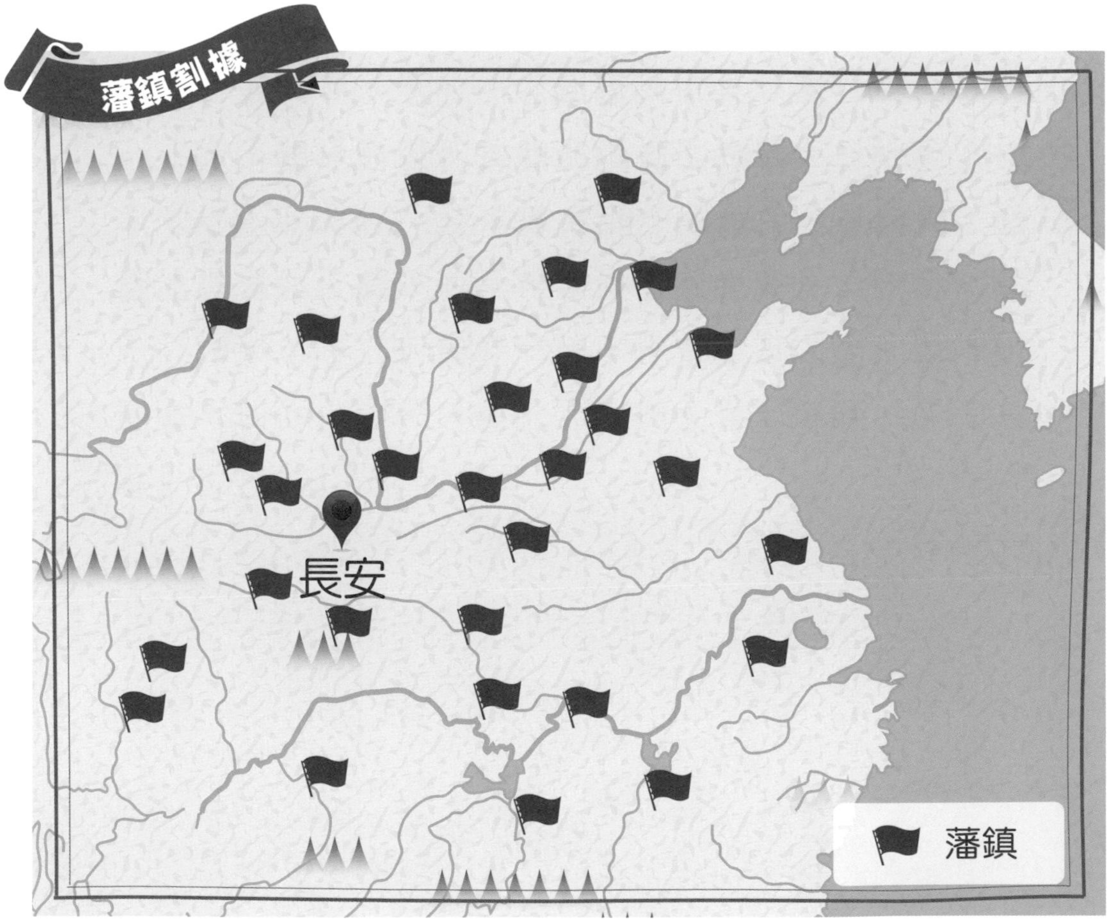

藩鎮割據

長安

藩鎮

這些不聽從命令的藩鎮，大部分是當初朝廷為了快點結束戰爭，好省下戰爭的巨額花費，於是決定讓投降的安史集團將領可以直接擔任他們原先控制地區的節度使，而且給予他們很大的自治權力。

這些自主性極高的藩鎮，對朝廷的話愛聽不聽的，全看自己高興。假如他們對朝廷的某個政策不滿意，就聯合其他藩鎮一起反叛。

安史之亂過後，唐朝元氣大傷，沒有足夠的軍力可以討伐這些叛亂的藩鎮，所以朝廷只能忍耐這些藩鎮，沒有辦法教訓他們。

藉助藩鎮平定叛亂

陷入「中毒」狀態

藩鎮幫助唐朝繼續存在

獲得補血藥

這樣一直忍耐下去，讓朝廷更難管理這些藩鎮。雖然有時候會有皇帝藉助其他藩鎮的力量順利平定藩鎮的叛亂，但這只會加深朝廷對藩鎮的依賴。

雖然這些藩鎮很囂(ㄒㄧㄠ)張，不過在安史之亂後，面臨外患內憂的唐朝可以持續存在一百多年，靠的也是藩鎮的幫忙。

全國二十幾個藩鎮中，除了少數不服從的之外，大多數藩鎮都還是牢牢地掌控在朝廷手中。朝廷可以決定這些藩鎮的節度使、調動軍隊、徵調物資等等。這些服從唐朝的藩鎮，替唐朝抵禦外敵，打敗那些不聽話、起兵叛亂的藩鎮。

這些藩鎮是讓唐朝在安史之亂後，可以繼續存在的重要幫手。

★唐朝的新對手

在唐朝手忙腳亂的對付安祿山的部隊時，隔壁的國家回紇幫了唐朝不小的忙，是唐朝能打贏安祿山部隊的原因之一。

回紇在隋朝時就居住在國家的西北邊，回紇人騎在馬上，趕著羊群，牧草長到哪裡，他們就搬到哪裡。但不要以為回紇人是溫和的牧羊人，他們手裡的弓箭百發百中，是一支實力堅強但人數不多的游牧民族。

在唐玄宗時，回紇與唐朝的軍隊聯手打敗草原霸主突厥，繼承了突厥在西北邊的地位，力量越來越強大。

雖然回紇在唐朝軍隊攻打安祿山時伸出了援手，但回紇跟唐朝也沒有多友好。回紇知道唐朝在安史之亂後國力衰退，三不五時就派軍隊入侵唐朝，向唐朝勒索更多的金錢和物資。

除了回紇之外，唐朝的西南邊也出現了新的強敵——吐蕃。吐蕃位在高高的青藏高原上，四周都是高聳的大山，在隋末唐初時，吐蕃就統一了青藏高原的諸多部族，建立起吐蕃王國。

回紇與吐蕃

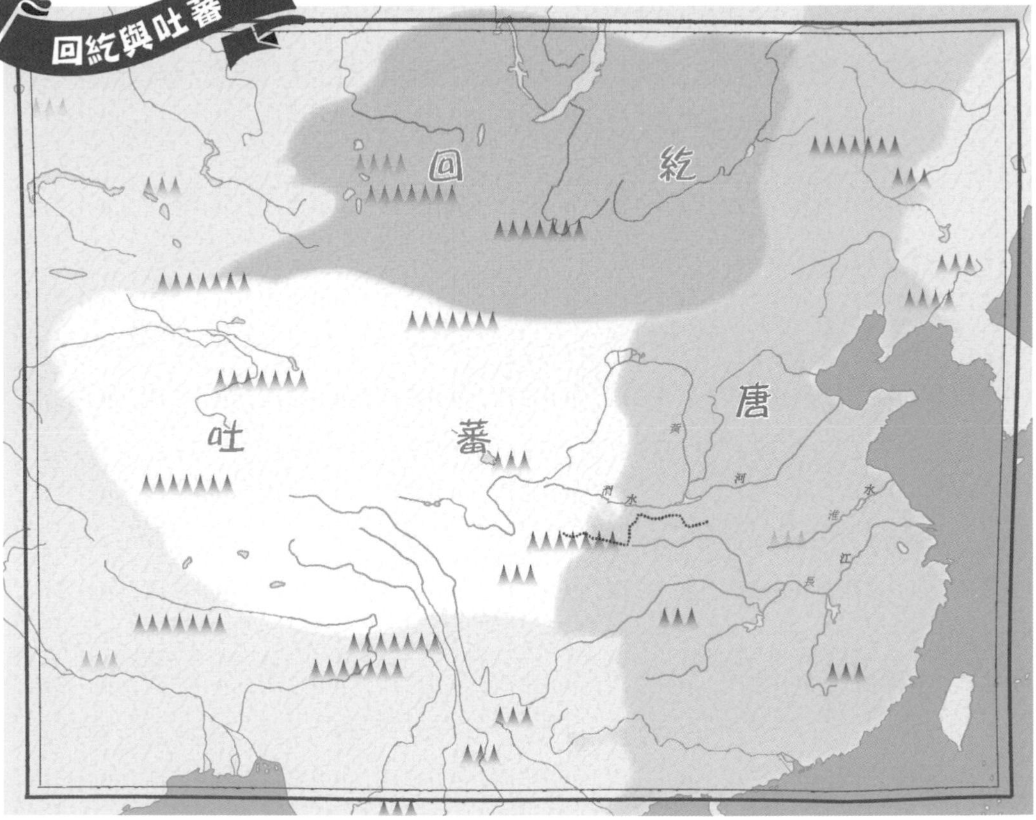

回紇

吐蕃

唐

文成公主
嫁到吐蕃
跟BOSS變朋友

吐蕃控制
西域貿易
BOSS金錢上升

一開始的時候，吐蕃跟唐朝的關係很好，吐蕃安安分分的當唐朝的小弟，唐太宗還將文成公主嫁給吐蕃國王。但隨著唐朝國力越來越衰弱，吐蕃趁機取代唐朝在西域的地位，成為新的西域霸主，控制了絲路這條重要的貿易道路。

吐蕃成為西域霸主後，恰巧是唐朝國力大幅降低之時。與回紇一樣，吐蕃利用這個機會，想要擴張地盤，因此不斷地侵略唐朝的領土，還和回紇一起爭奪唐朝西部的土地，使得這個地區成為唐朝、回紇和吐蕃的三強爭奪之地。

回紇與吐蕃的頻繁入侵，讓唐朝只能在西邊部署重兵來防禦。戰事雖然頻繁發生，可是雙方都不夠強大，沒辦法消滅對方，常常都是回紇、吐蕃入侵唐朝，唐朝再派軍隊擊退他們。

不過，唐朝這麼多年的老大不是白當的，他還是比回紇跟吐蕃有錢多了，雖然入侵唐朝可以獲取資源，可是長時間地進行戰爭對回紇和吐蕃來說，負擔遠比唐朝沉重。

久而久之，龐大的軍費支出壓垮了回紇與吐蕃，他們的國內都陷入混亂，反而比唐朝更早滅亡。

2. 中興帝王

★我才是老大！

唐憲宗還沒成為皇帝之前，就覺得曾祖父和祖父對待藩鎮的方式太溫和了，他下定決心要讓不服從朝廷號令的藩鎮，知道朝廷的厲害！

在唐憲宗剛當上皇帝的第二年，馬上就遇到四川地區節度使過世，他的兒子向唐憲宗要求繼承爸爸的位子。唐憲宗一點都不想答應，但是朝中大臣都勸他要忍耐，唐憲宗想到自己立下的決心，於是否決大臣們的建議，派出皇家軍隊與周圍藩鎮一起對付這個不聽話的藩鎮，經過幾個月的奮戰，終於打敗了四川地區的節度使。

憲宗對抗
淮西藩鎮
遭遇怪物

戰爭毫無成效
無法對怪物
造成傷害

指派宰相
擔任總指揮
喝下精力湯

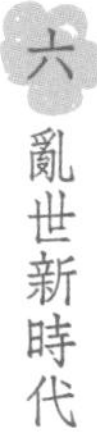

其餘跋扈的藩鎮看到唐憲宗強硬的態度後，紛紛收拾起原先囂張的氣焰，雙方和平相處了一段時間。

★難纏的藩鎮

沒想到幾年後，位在淮河西方流域，控制著東南往北方要道的藩鎮，因為節度使提出的繼承人不被朝廷接受，於是起兵反叛。唐憲宗當然無法容忍這樣的行為，馬上派出軍隊，要消滅叛亂的藩鎮。

不過，與當初攻打四川的藩鎮不同，這個淮西藩鎮一直都在吳姓家族的掌控之下，經過他們長時間的經營，底下有一群忠於吳家的士兵。加上朝廷徵召作戰的各個藩鎮，彼此之間沒有辦法好好合作，讓淮西藩鎮得以一一突破。這些因素讓朝廷的作戰一點效果都沒有，經過四年，反叛的淮西藩鎮，勢力依然強大。

沒有辦法擊敗淮西藩鎮，讓唐憲宗非常地焦慮，在眾人的建議下，唐憲宗決定派出宰相擔任總指揮，到前線領導軍隊作戰。

宰相到達前線後，發現這些參與作戰的藩鎮是擔心別人的功勞比自己大，才不願意好好的合作打仗，於是宰相保證會如實地將每個藩鎮的戰況回報皇上，盡量平均分配戰功。在宰相給出這番承諾後，各個藩鎮終於放下歧見，協調作戰，成功打敗淮西藩鎮。

★短暫的勝利

雖然這場攻打淮西藩鎮的戰爭， 耗費大量的時間、人力、金錢跟物資，但對唐朝跟唐憲宗而言，帶

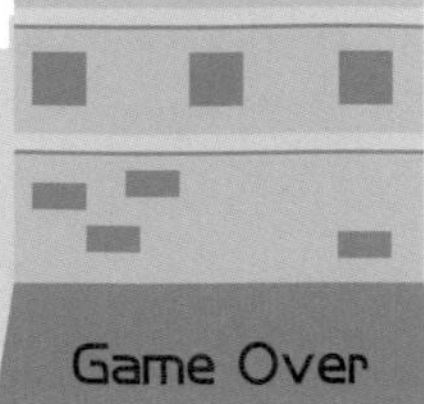

來的果實卻是甜美的。經過這場戰役，其他跋扈不聽從朝廷號令的藩鎮，紛紛表示要歸順朝廷，接受朝廷的指揮。

唐憲宗總算完成了他尚未當皇帝前就立定的目標：全國統一！他讓那些不服從號令的藩鎮再度聽命於朝廷。可惜的是，實現統一沒多久，脾氣越來越暴躁的唐憲宗，就被服侍他的宦官毒死了。

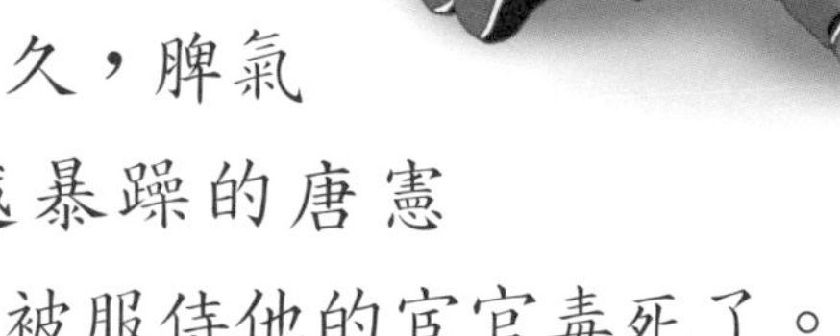

而繼任的兒子——唐穆宗沒有魄力跟能力維持父親對待藩鎮的方式，很快地，局面又回到以前的狀態，不服從朝廷的藩鎮繼續作亂，全國的統一只維持短暫的兩年時光。

3. 宦官與天子

★崛起的宦官

安史之亂以後的唐朝，宦官握有極大的權力。他們可以毒殺皇帝，決定皇帝的繼承人，這些宦官們其實才是真正的帝王。

為什麼宦官可以幫助皇帝即位呢？這要從唐玄宗開始說起。宦官是住在皇宮裡服侍皇帝家人的奴僕，在唐玄宗以前，宦官主要負責傳遞訊息、處理皇帝身邊的一些生活雜事，這樣的工作沒有什麼重要性，是一群不起眼的角色。

可是唐玄宗非常寵愛和信任身邊的宦官高力士，於是打破以前的慣例 ，他將國家政事交給高力士處理。官員們看到高力士成了皇帝跟前的大紅人，為了升官，便努力討好高力士，讓高力士在朝廷裡的影響力越來越大。

安史之亂爆發後，遭到嚴重打擊的皇室，為了保護自己，增加了很多很多的皇家軍隊，為了確保這股新力量可以掌握在皇帝手中，唐肅宗安排了在逃難途中保護他有功的宦官擔任皇家軍隊的將領。

除了安排信任的宦官擔任皇家軍隊的將領外，為

宦官擔任禁軍將領
小精靈攻擊力提高

宦官出任藩鎮監軍
小精靈勢力擴大

宦官成為朝廷掌權者
小精靈取得地位

宦官掌權

了監督藩鎮的一舉一動，皇帝也派出宦官去監督各個藩鎮的軍隊，讓宦官可以隨時向皇帝報告藩鎮的情況。一些節度使為了希望自己能夠順利升官，處理藩鎮政務的時候，就事事徵求監督宦官的同意，宦官就像是藩鎮的主管一樣。

宦官們因為掌握皇家軍隊，以及監控藩鎮的軍隊，開始一點一點擴張自己的力量，藉著這股力量，宦官們開始成為朝廷實際的掌權者。

宦官們不會過問太多政府做事的細節，只關心皇位的繼承、宰相的人選、出征軍隊的大將等大事。他們知道，只要把這些事情管好，就能繼續牢牢抓住手中的權力，在朝廷呼風喚雨！

★皇帝也要聽我的

從唐肅宗開始，一直到唐朝滅亡，中間的每一任皇帝幾乎都是由宦官決定。例如唐憲宗的即位，就是因為父親唐順宗已經中風沒有辦法說話，加上宦官們知道唐順宗寵信的大臣偷偷計畫要除掉宦官的勢力。於是這些宦官先下手為強，趁唐順宗中風的時候，以皇帝的名義下詔傳位給唐憲宗。

年輕有為的唐憲宗，雖然打算恢復唐朝的盛世，不過因為他是得到宦官的幫助才登上皇位，所以並沒有想要根除宦官的勢力，甚至還派遣得寵的宦官統兵出征。

唐憲宗雖然有能力控制宦官，但由於唐憲宗晚年脾氣越來越暴躁，只要心情不好就毒打身旁的宦官出氣。宦官們不堪唐憲宗暴力的對待，於是下毒害死唐憲宗。

到了憲宗的孫子唐文宗時，宦官的權力更加龐大，連皇帝都會害怕宦官。文宗非常討厭宦官插手管朝廷的事，在聽到原來自己的祖父是宦官害死的之後，更加生氣，於是在幾位大臣的建議與計劃下，決

定聯合皇家軍隊內不服宦官的將領一同殺死宦官們。

為了要將宦官一網打盡，唐文宗與大臣們想了一個圈套。要動手的那一天，大將軍在晨間集會的時候報告在皇宮內的一棵石榴樹上發現了甘露（早晨結出的甜美露水），覺得這是上天給的訊息，皇上應該前去看看。

唐文宗聽完，決定先派官員去確認，沒想到官員們跑回來，卻說那好像不是真的甘露。於是，唐文宗再派宦官們去察看，要他們仔細確認後回來報告。

宦官們走到石榴樹下後，發現大將軍的表情非常緊張，全身一直冒汗，又發現草叢中埋伏著許多的士兵，感覺非常不對勁！

於是宦官們馬上跑回宮殿裡抓住唐文宗當作人質，將宮門緊緊地關了起來，接著派人到皇家軍隊營區，要受他們管理的皇家軍隊趕快派兵到宮殿來幫忙。

援軍很快就趕來了，有了幫手的宦官與援軍一起聯手，消滅了企圖殲滅他們的軍隊。當時仍在宮廷內的很多大臣，因為沒有時間躲起來，也被宦官和皇家軍隊一起殺死了。

「甘露之變」失敗
速度下降

找不到下手機會
攻擊力下降

等到事情終於結束後一算，死亡的叛軍和大臣居然有一千人以上，受傷的人更是數都數不完！這場由唐文宗及大臣發動消滅宦官的計畫，就這樣以失敗收場。因為皇帝以甘露為藉口，所以被稱為「甘露之變」。

甘露之變讓宦官們更加團結，不給皇帝或是大臣們任何傷害他們的機會，找不到機會下手的皇帝和大臣們，也只好放棄剷除宦官的想法了。

宦官們握有極大的權力，可以決定皇帝的生死，以及繼任皇帝的人選，簡直就是地下皇帝！

直到唐末，皇帝與朝廷的力量僅限於長安城，再也無法號令全國，皇家軍隊的力量也非常衰弱。雖然如此，宦官依舊牢牢地控制住皇帝，直到唐朝被取代後，宦官的勢力才隨著唐朝的滅亡而消失。

七、帝國的末日

1. 黑暗中的一絲曙光

★唐武宗的計畫表

消滅宦官行動遭遇大挫敗的唐文宗，在剩餘的日子裡過得很慘，雖然是皇帝，卻要被宦官控制，沒有任何主導權。不久後，唐文宗便心情沮喪地病逝了。

文宗死後，宦官不想讓文宗的兒子繼承皇位，決定由他的弟弟來當皇帝，就是唐武宗。唐武宗知道宦官的勢力非常龐大，因此與宦官們好好相處，不做出危害宦官權力的事情，沒想到這樣的相處方式，反而讓唐武宗在國家大事上能好好的發揮。

唐武宗與宰相列了一個計畫表，第一項就是對付當時謀反的藩鎮。唐武宗下令召集四周的藩鎮進攻，順利平定了反叛的藩鎮，展現出武宗不會讓藩鎮為所欲為的企圖心。第二項則是趁著西邊的回紇發生內亂的時候，派遣大軍攻打，讓回紇歸降唐朝。

沒想到唐武宗長長的計畫表只進行不到一半，為了要活很久很久而長期服用長生不老丹藥的他，就因為吃太多藥中毒身亡了。

雖然唐武宗有兒子，但宦官們非常不希望再出現一個跟唐武宗一樣有理想、有抱負的皇帝，於是找來個性軟弱，非常好操縱的武宗叔叔，讓他繼承皇位，是唐宣宗。

★奮發向上的唐宣宗

打著如意算盤的宦官們萬萬沒想到，唐宣宗軟弱的形象居然是裝出來的，為的是保護自己，讓自己可以免於朝廷內的鬥爭。

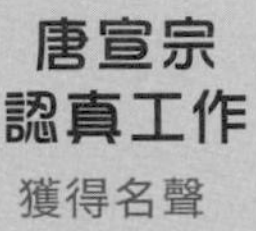

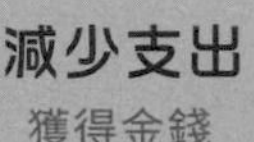

一直以弱雞形象面對世人的唐宣宗，其實對於當時國家的情況非常不滿意，雖然唐武宗有稍微重振朝廷的威望，但與超級厲害的唐玄宗比起來仍差了好遠好遠。

唐宣宗想要恢復唐朝盛世，於是他認真地當一名皇帝。除了減少國家不必要的支出，降低人民的負擔之外，也提拔好的官員，懲罰那些貪心的官員。努力認真的唐宣宗讓大臣們都很喜歡他，大家都認為唐宣宗很有機會可以恢復唐朝的盛世。

雖然唐宣宗這麼努力，可是當時的環境已經太糟糕了，唐宣宗的力量遠遠不夠，就像拿一杯水想要滅掉森林大火一樣，是不可能成功的。

那時候的朝廷，內有宦官控制著政府，沒有人要聽皇帝的話，大臣們也只為了自己升官發財著想，一點都不關心老百姓。

在長安城以外的地方，環繞著一個個的藩鎮，本來很聽話的藩鎮，發現朝廷一片混亂，沒有多餘的力氣管理他們後，幾乎每個藩鎮都對朝廷愛理不理的，隨時都有可能起兵反叛唐朝。

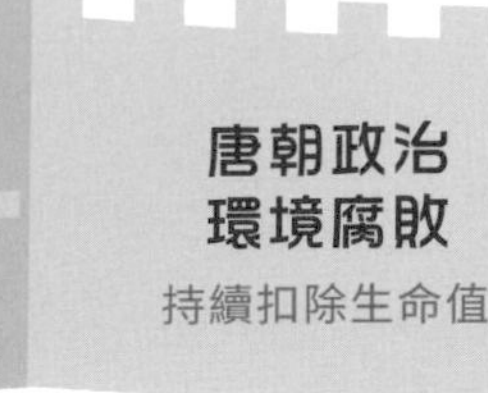

面對這樣亂七八糟又非常複雜的情況，縱使唐宣宗懷有雄心壯志，卻仍然沒有辦法解決以上任何一件事情，唐朝終究無法回復到往昔的美好與光榮。

到了宣宗統治的末期，長期受到朝廷與藩鎮雙重剝削的人民，已經忍無可忍了，於是他們紛紛起來作亂，反抗藩鎮與朝廷。這些四處發生的民亂，讓唐朝走向了滅亡。

2. 民亂四起

★想家的士兵

試圖挽救國家的唐宣宗，在他統治末期，還是面臨了大規模民亂的發生 。 雖然唐宣宗努力地勤儉治國，想盡辦法約束底下貪心的大臣們，但還是沒有辦法有效管理地方上的藩鎮，也沒有能力應付周遭外族的騷擾。

在唐宣宗時期，之前非常厲害的回紇和吐蕃因為和唐朝打了太多的戰爭，變得很衰弱，對唐朝已經沒有多大的威脅。但是在西南方又出現新的敵人——南詔ㄓㄠˋ。

南詔在安史之亂以前已經建國，唐玄宗的時候就曾經與南詔發生好幾次戰爭。可是一直以來，對唐朝造成重大威脅的都是西北邊疆的外族，南詔反而不太讓唐朝煩惱。

沒想到回紇及吐蕃相繼衰弱後，南詔一下子成為唐朝周遭最強的外族，年年不斷地入侵四川、貴州地區，逼得唐朝只好長期派遣軍隊，駐紮在這些鄰近南詔的地區。朝廷答應這些駐紮前線的軍隊，三年就會讓他們解散回故鄉。

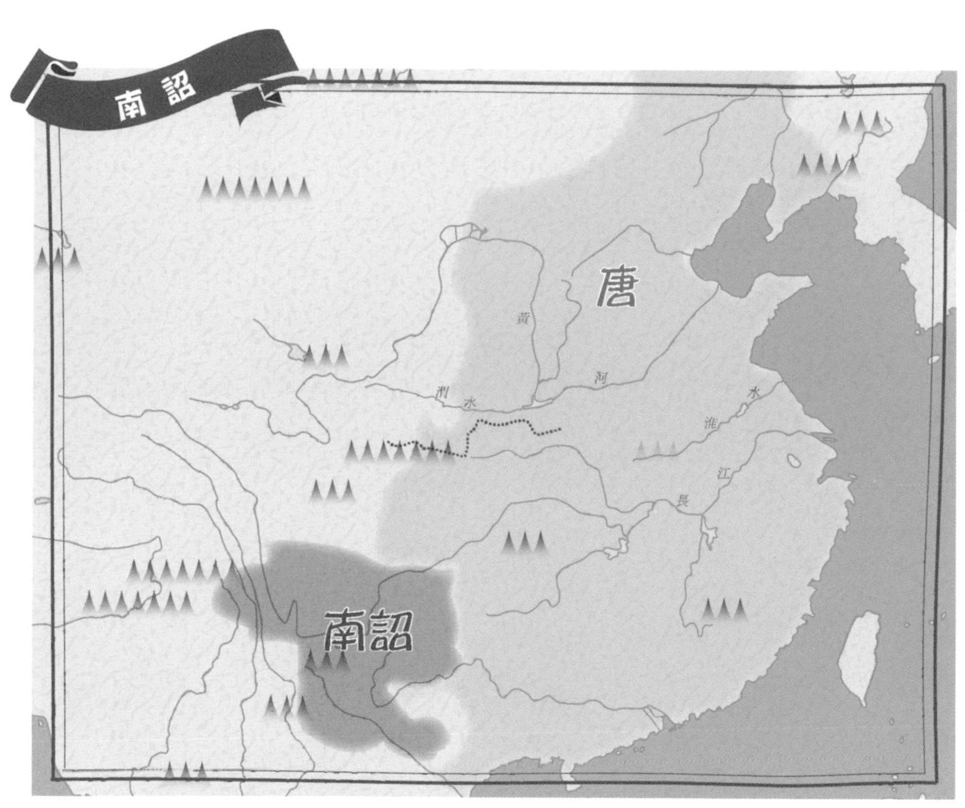

可是三年過去了，唐朝卻徵召不到可以去前線接替的軍隊，只好讓駐紮當地的軍人繼續待在那裡。這些軍人等了一年又一年，都等不到回家的機會，被強迫住在前線的他們又生氣又難過，每個人都好想好想回家。

沒有辦法回故鄉，讓軍人們心情都很差，再加上軍隊長官對軍人並不好，常常發生欺負下級軍人的事情，讓這些軍人們無法再忍受，最後終於爆發動亂。

這些反叛的軍人們想要回到家鄉江南地區。他們長期在前線與南詔戰鬥，一刻也沒有鬆懈，軍事能力比江南地區的藩鎮軍隊還要高出很多，因此所向無敵，無人能擋，一路走來對江南地區造成極大的破壞。朝廷逼不得已，只好調派更常戰鬥的北方藩鎮軍隊南下支援，才順利平定這一波民亂。

★黃巢之亂

除了軍人之外，老百姓面對一場又一場的戰爭，生活也越來越困難。被戰馬和士兵踏過的土地一片焦黑，農民根本無法種植農作物，商人也沒有商品可以買賣。只顧著自己吃好喝好的官員，還向百姓徵收更多的稅！吃不飽穿不暖的人們，最後乾脆抓起鋤頭、拿起鐮刀，生氣的反抗起來。

在河南，一位名叫王仙芝的走私鹽商，聚集了好幾千人，要大家跟他一起對抗唐朝政府。許多窮苦的人民受到王仙芝的鼓舞，紛紛加入王仙芝反抗政府的隊伍。很快的，王仙芝的軍隊壯大到好幾萬人。

同樣以走私鹽起家的黃巢，也起兵反抗唐朝。黃巢參加過好幾次科舉考試，卻一直落榜。他只好放棄科舉當官這條路，跟著自己的兄弟們一起走私鹽，並且因此認識同樣走私的鹽商王仙芝。在王仙芝的鼓吹下，黃巢與他的伙伴一起加入王仙芝的反叛軍中。

在王仙芝和黃巢叛亂之前，江南地區已經出現好幾次的叛亂軍，許多農民受到戰爭影響，一個個放棄耕田轉行當盜賊。這些盜賊在黃巢起兵後，紛紛跑去加入黃巢的隊伍，壯大了黃巢的聲勢，形成一支人數非常多的軍隊。

王仙芝與黃巢的軍隊，打遍天下無敵手，唐朝軍隊都不敢跟他們起衝突。唐朝政府發現用武力打不贏之後，決定換個方法，他們派出官員去找王仙芝，答應讓王仙芝當大官，這讓王仙芝非常的心動，準備要歸順唐朝。

沒想到黃巢聽到這個消息後，非常生氣，衝過來指著王仙芝大聲地罵道：「我們當初說好了，要一起征服天下，你今天居然想要丟下大家自己去當官，你對得起我們這些跟你一起打仗的兄弟們嗎？！」

越想越生氣的黃巢，狠狠的揍了王仙芝一頓，之後就帶著自己的軍隊離開了王仙芝。兩人分開後，王仙芝軍隊的力量越來越薄弱，一直輸給唐朝政府軍，底下的人紛紛逃到黃巢的軍隊去。

沒多久，王仙芝就在一場戰爭中戰死，剩餘的軍隊全部跑去加入黃巢，讓黃巢擁有極大的軍事力量，並成為叛軍的領袖。

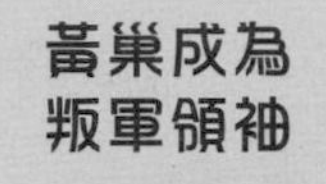

在黃巢叛亂的九年之間，由於各地藩鎮不願意聯合作戰，使得黃巢的叛軍跑遍大江南北，還一度攻佔長安，自立為帝。

由於黃巢軍隊主要是由盜賊組成，所以，起兵反叛後，到任何地方都是大肆劫掠，完全沒有長期發展的打算，黃巢軍隊這樣的做法，讓他們經過的地方幾乎都成為廢墟。

有些老百姓聽到黃巢軍隊要來了就非常害怕，趕快把值錢的東西收收，馬上帶著家人逃離。留在家鄉沒有離開的，在黃巢軍隊到來後，發現軍隊又偷又搶，一點東西都沒有給他們留下。沒有辦法再生活下去的老百姓，最後也只能離開家鄉。

唐朝最後靠著黃巢的大將——朱溫投降朝廷，轉而對抗黃巢的部隊，以及北方來的外族李克用南下幫忙，用盡朝廷剩餘的人力、物力，艱難地打了許多場仗，將黃巢的十幾萬大軍打到剩下不到一千人。

看著剩下的軍隊，黃巢覺得自己沒有力量可以繼續對抗唐朝政府，於是拔出腰間的刀自殺了。花了將近十年的時間，唐朝政府終於平定了黃巢之亂。

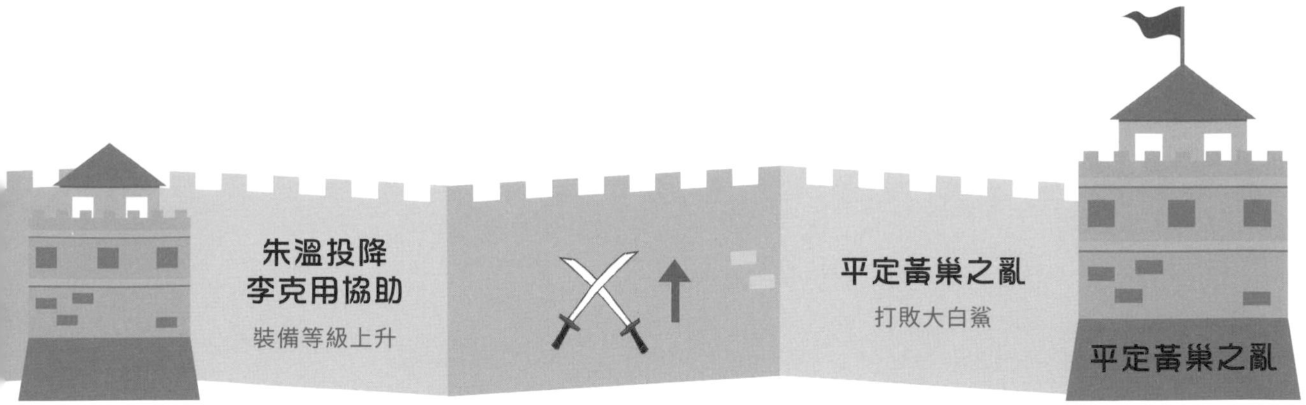

朱溫投降
李克用協助
裝備等級上升

平定黃巢之亂
打敗大白鯊

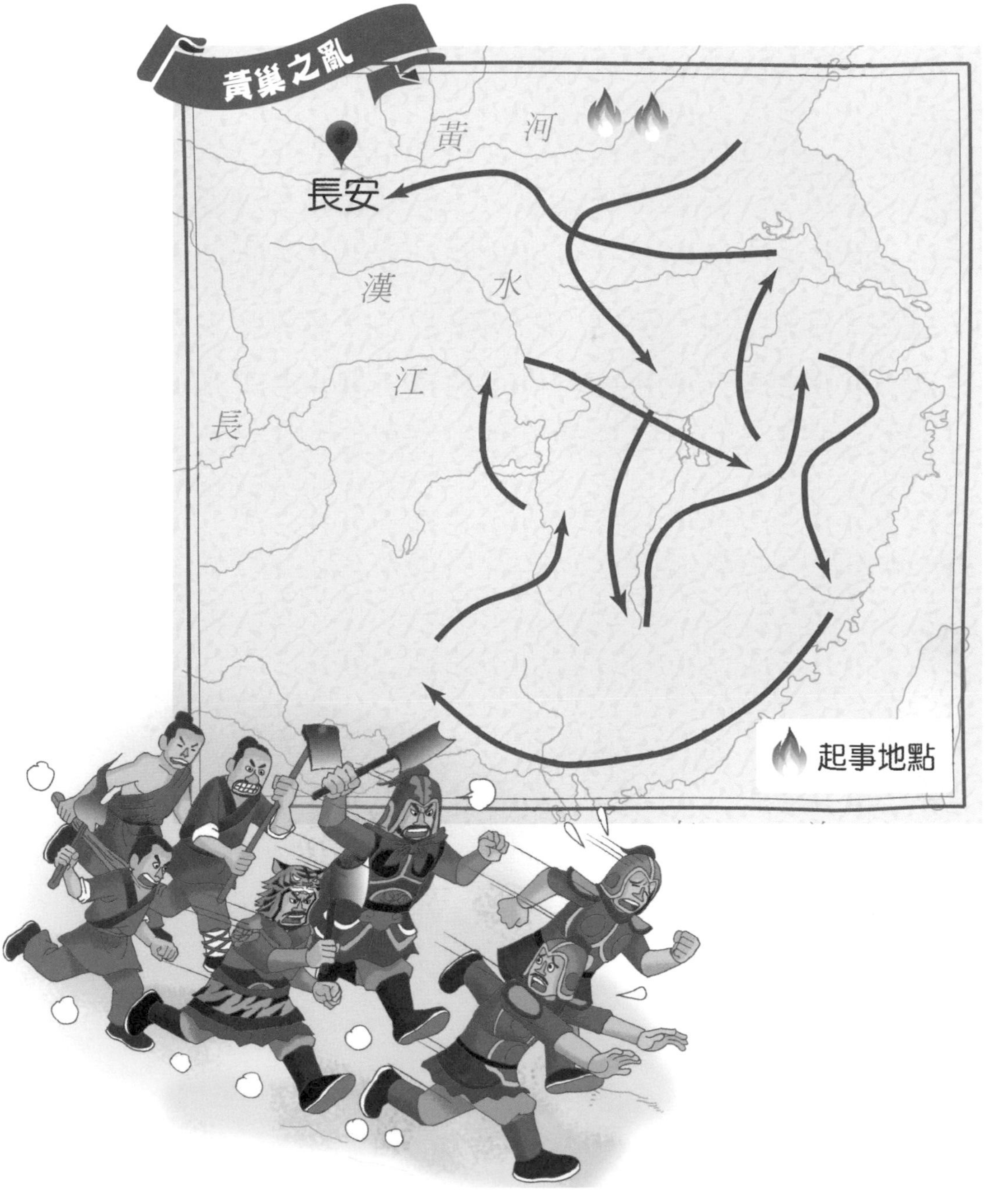

黃巢之亂

黃河
長安
漢水
長江
起事地點

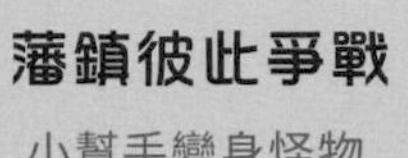

★再見了，唐朝

雖然解決了黃巢之亂，但這時唐朝政府已經沒有任何的影響力，成為周遭藩鎮的傀儡。各地則是藩鎮之間彼此爭奪土地和人民，希望奪取最後的勝利。

在這亂世中，最後脫穎而出的是黃巢軍隊的降將朱溫。據說朱溫出生的時候，屋頂上發出紅色的光芒，整個村莊都以為朱家著火了，村民慌慌張張地跑來後，才發現原來是朱家的兒子出生了。想到剛剛那滿天的紅光，村民們都說，朱溫以後一定是個很厲害的人。

朱溫小的時候爸爸就過世了，家裡很窮，他只能四處打工。在王仙芝、黃巢一開始叛亂時，朱溫就加入了黃巢的軍隊，並逐漸成為黃巢的得力部將。

唐朝說服王仙芝失敗後，把目標轉向朱溫，受到唐朝的誘惑，朱溫帶著軍隊投降唐朝，成為平定黃巢之亂的主力，立下大功。

黃巢之亂結束之後，唐朝讓朱溫封了王，皇帝還賜了個名字給他，叫他「朱全忠」！沒想到朱溫其實不忠心，他的野心很大，見到唐朝政府變得如此弱小，他耐心的等待讓自己獲得更多權力的機會。

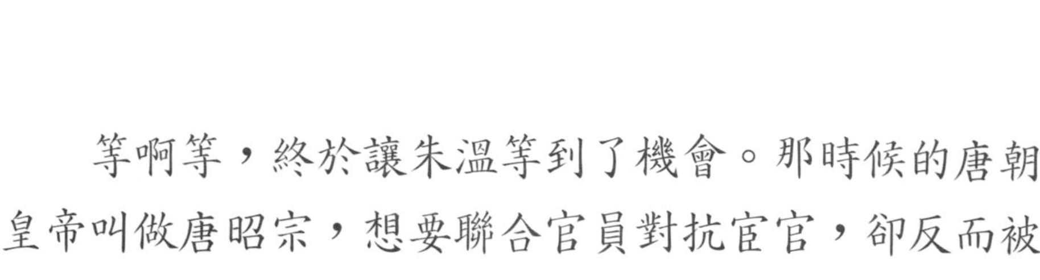

等啊等，終於讓朱溫等到了機會。那時候的唐朝皇帝叫做唐昭宗，想要聯合官員對抗宦官，卻反而被宦官軟禁。

朱溫得到消息後，帶著軍隊衝進皇宮，殺光了宦官，將皇帝給搶了過來，帶到洛陽。來到洛陽的唐昭宗看到路旁迎接他大喊萬歲的老百姓，難過得一直掉眼淚，邊哭邊說：「不要再喊萬歲了，我已經不是你們的皇帝了！」

為了防止其他人來搶唐昭宗，讓煮熟的鴨子飛走，朱溫乾脆殺了唐昭宗，立了一個十三歲的小孩當皇帝，牢牢的掌控住他。

在黃巢之亂平定的二十年後，朱溫解決了掌權的宦官、忠心唐朝的大臣，廢掉了唐朝的末代小皇帝，登基成為梁朝的皇帝，結束唐朝近三百年的歷史，開創了五代十國的新時代。

朱溫創立梁朝
唐朝滅亡
生命值歸零
Game Over

林楓珏

小時候去圖書館只借閱兩種書：軍事小說與歷史書，把歷史書當成一個又一個精彩的人生故事閱讀。大學畢業後，沒有從事教職，因緣際會下轉職進入歷史研究所，至今依舊是歷史學產業中微不足道的學徒。把歷史當作偵探故事，對可以偵破一樁又一樁的歷史案件，感到興奮不已。

莊河源

從小就喜歡畫圖，曾經是東立出版社的漫畫家，現在是插畫工作者。喜歡音樂、電影、旅行、接近大自然。擁有一間玩具雜貨舖子很滿足。畫畫是永無止境的學習過程，以後也會繼續畫下去……。為三民繪有《7-Eleven 創辦家族》、《卡內基》、《約翰・甘迺迪》、《曼德拉》、《時空列車長一解釋宇宙的天才愛因斯坦》、《伊甸園裡的醫生一人道主義的模範生許懷哲》等書。

為小朋友寫的中國歷史，自己就能讀

歷史學者是怎麼和自己的孩子講中國歷史呢？歷史變身為精彩刺激的故事。

文字淺白有趣，兼顧正確，難字附上注音，配合插圖帶出情境，小朋友自己就能親近歷史。

以遊戲來包裝歷史，每一本都不一樣唷

疊疊樂就像遠古先秦時代，古人創造發明文物制度，到了春秋戰國制度崩解的過程。

秦漢～南北朝各路英雄好漢搶奪大富翁地盤，歷史事件、人物如同機會、命運牌，影響歷史發展。